世界一わかりやすい財務諸表の授業

並木 秀明

Hideaki Namiki

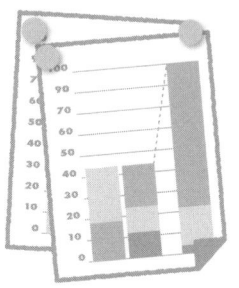

サンマーク出版

はじめに

　ここは凹凸株式会社。べつに業績の浮き沈みが激しいという理由でこの社名になったわけではない。雌ねじと雄ねじを製作する、典型的な中小企業だ。

　社員は5人。あとはパートのみ。今年は5年ぶりに新卒社員を採用した。期待の幹部候補生・三木君がそう。経理畑出身の根津社長は三木君に「財務諸表が読めること」を必達課題とした。

　しかし、社内では5年前に入社した先輩社員も、経理担当者でさえも、じつは財務諸表に関して苦手意識をもっていて、三木君に教えるには何ともこころもとない。

　それで、根津社長の昵懇の企業研修講師・N先生を招いた。その指導法に「世界一わかりやすい！」という定評がある、簿記専門学校界のカリスマ教師だ。

　本書は、N先生が三木君に財務諸表の基礎をたたきこんでいく過程を描いた、一種のドキュメンタリーである。読者の皆さんは、生徒の三木君になったつもりで読み進んでいくことになる。そして読後には……そう、ここで学んだことを人に無性にしゃべりたくなるか、自分だけの秘密にしておこうと思うか、どちらかになるだろう。

　巷にあふれる財務諸表関係の入門書や解説書でこれまでに挫折した人も、本書でわからなかったら潔くあきらめてほしい。それくらいにわかりやすく説明したつもりだ。簿記の知識はまったく必要ないばかりか、数字アレルギーの人もOKである。

はじめに

 もうひとつ、本書の特徴がある。これまで誰も本気で教えてこなかった財務諸表の「原理原則の理解」に重点を置いていることだ。だから、財務諸表の基礎から先にさらに発展して学んでいくときにも応用が利くようになる。
 さあ、さっそく三木君の奮闘ぶりを見ていこう。

世界一わかりやすい財務諸表の授業◉目次

はじめに …… 1

第1時限
「超理解」………… 5

> コメント：最も重要な授業　所要時間20分

重要会計用語：貸借対照表、B/S（バランス・シート）、損益計算書、P/L（ピーエル）、借方、貸方、資産、負債、資本、収益、費用、利益

第2時限
「昨日を振り返る」………… 27

> コメント：理解できると自信がつく　所要時間10分

重要会計用語：流動資産、固定資産、流動負債、固定負債、純資産、会計期間、売上総利益、販売費及び一般管理費、営業利益、経常利益、税引前当期純利益、当期純利益、法人税、住民税及び事業税

第3時限
「株式会社の財務諸表」………… 47

> コメント：ここがヤマ場、乗り越えると先が見える　所要時間40分

重要会計用語：株式会社の設立、株式、当座預金、小切手、普通預金、受取手形、売掛金、未収金、貯蔵品、有形固定資産、建物、構築物、車両運搬具、備品、土地、無形固定資産、ソフトウェア、買掛金、支払手形、未払金、売上、売上原価、給料手当、租税公課、広告宣伝費、荷造発送費、消耗品費、支払利息

第4時限
「決算処理をする」………… 105

> コメント：決算の意味を知る　所要時間30分

重要会計用語：減価償却費、減価償却累計額、貸倒引当金、棚卸

第5時限
「1年目の決算報告書をつくる」 ………… 121

> コメント：財務諸表の全体の理解（キャッシュ・フロー
> 計算書は読み飛ばしOK）　所要時間20分

重要会計用語：損益計算書の作成、貸借対照表の作成、キャッシュ・フロー計算書の作成、繰越利益剰余金、未払法人税等

第6時限
「2年目の主な取引を理解する」 ………… 141

> コメント：株式会社の構造がわかる　所要時間40分

重要会計用語：新株の発行、資本準備金、利益準備金、土地売却益、建設仮勘定、有価証券、前渡金、受取利息、受取配当金、火災保険料、前払費用、前受金、株主総会、配当金、時価

第7時限
「2年目のB/S、P/Lを作成する」 ………… 187

> コメント：財務諸表の最終チェック　所要時間10分

第8時限
「2年目のB/S、P/Lのまとめ」 ………… 195

> コメント：財務諸表の読み方　所要時間10分

装　　丁／熊澤正人＋中村　聡（パワーハウス）
本文組版／onsight
本文図版／山中美保
編集協力／ぷれす

第1時限

「超理解」

コメント

最も重要な授業

所要時間20分

第1時限「超理解」

三木君のひとりごと

……なんだか気が重いなぁ。財務諸表なんて聞いたこともないし。でも社長が口からアワを飛ばしながら「これからはキャッシュ・フロー経営が何より大事」って力説してた先日の歓迎会、ほんとはキャッシュ・フローって言葉も知らないんだけど、なんだかボク、期待されてる感じ？ あっ、先生がきた。学校の授業を思い出すこの雰囲気……。

　こんにちは、三木君だね。私はN。キミに財務諸表を教えるためにやってきた。
　今日から1週間、がんばっていこう。

　「はい、よろしくお願いします」

　よし、じゃあいきなりだけど、いまから店をつくって、キミに社長になってもらう。

　「えっ、なんですって？ 社長？」

　そう。店名はどうしようか？ 売り物は何にする？

　「ちょっと待ってくださいよぉ～、どういう意味かわかりません」

　はは、驚かしてごめん。じつは、財務諸表を理解するには、自分が社長になった気分で帳簿をつけていくのが一番なんだよ。なにしろ財務諸表というのは、会社の財務状態や経営状態を示す書類のこ

とだからね。一般的には決算書と呼ばれたりもするよ。

日本が世界に誇るソニーだって、いきなり、大企業になったわけではない。「それは、2人の零細企業から始まった……いまは従業員16万人をかかえる大企業へと成長した」なんて、テレビの某ノンフィクション番組にありそうな台詞だけど。でもそういう大企業だってそこの商店街の電器屋だって、財務諸表で見れば、まったく同じしくみでつくられているんだ。

そこでまず、大企業へと成長する夢をもった架空商店「三木商店」をつくってみよう。一種のゲーム感覚で楽しみながらやれればなおOKだ。たとえば、こんなふうに。

手持ちの現金1,000（円、千円などの金額単位はしばらく省略）を出資して商売（商品販売目的）を開始します

「あの、自分のお金を出すんですか？」

そりゃ、そうだ。キミが社長の個人商店なんだから。でもこのことを忘れないようにきちんと記録を残しておかないといけない。

実際に紙に書いてみよう。うん、そのノートでいい。ページの真ん中あたりにタテ線を引いて、左側に「現金 1,000」と書き、それを資本として会社をやっていくという意味で右側に「資本金 1,000」と書いてみよう。

「こんな感じですか」

現　　　　金	1,000	資　本　金	1,000

そうそう。なんとこれが財務諸表のひとつ、「貸借対照表」とい

われるものなんだ。授業が始まってたった１分間で、キミはもうそれをつくってしまったというわけだ。

「たいしゃくたいしょうひょう？」

そう。貸借対照表は、左側に出資した「現金」を、同じ行の右側に同額の出資金を商店の「資本金」として記載する。これを見て、何か気づいたことはあるかな？

「えっと、右も左も、同じ数字……」

そのとおり！　貸借対照表は、英語では「バランス・シート」という。出資した1,000は、もとはキミ個人の財産だけど、商店のために出資した時点で商店の所有となるんだ。

したがって貸借対照表は、キミが出した現金（左側の数字）と、会社の資本金（右側の数字）がバランスしているので「バランス・シート」と呼ばれるというわけ。その英語の頭文字をとってB／S（ビーエス）と略すこともよくあるから、覚えておいて。

「貸借対照表＝バランス・シート＝B／Sですね」

おっ、飲み込みが早いな。頼もしい！

●貸借対照表の「左側」と「右側」について

　財務諸表を作成するためには、日々の活動を帳簿に記録していくことを必要とします。帳簿に記録していく決まりを「簿記」と呼んでいます。本書の目的は、簿記を理解することでは

ありませんが、簿記の決まり（慣習）として誕生した用語を知ることは、財務諸表作成に役立ちます。

帳簿記録の結果として財務諸表が作成されるわけですが、帳簿記録での決まりで「左側」のことを「借方（かりかた）」、「右側」のことを「貸方（かしかた）」と呼んでいます。この語源は、貸金業のお金の借り・貸しから始まったらしいのですが、定かではありません。

「借方・貸方」というのは、簿記上で「左側・右側」という意味しかもたず、借方の「借」、貸方の「貸」に特に意味があるわけではありません。

間違っても、借りた・貸したなどという理屈で考えないでください。ただ、そう決まっているのだと理解してください。

これをもとに、先ほどの表に反映させると、次のようになります。

借方	貸借対照表	貸方
現　　金　　1,000	資　本　金	1,000

なんとなく、形になってきましたね。これが貸借対照表の基本形です。これからどんなに項目が増えて複雑になったとしても、いつもこの基本形にもどってみれば、きっと理解できます。

さて、商店を開くには、土地と建物がいるよね。

「ええ。でもこれって、あくまでシミュレーションですよね？ ボク、お金もってませんよ」

ははは、もちろんそうだけど、本格的にやらないと本気になれないだろう？

「でも、話がどんどん進んで、なんだかこわいですよ」

あくまでも想像力を働かせながら、がんばってくれよ。

土地400を取得（購入）しました

さっき書いた現金の下に、さっそく「土地400」と記入してみよう。

土地を買ったんだから、当然のことながら「現金1,000」は土地の分だけ減って、「現金600」となるよね。

借方	貸借対照表		貸方
現　　　金	~~1,000~~	資　本　金	1,000
〃	600		
土　　　地	400		

「そのくらいの計算なら、カンタンです」

これを言い換えると、「現金400」が減少し、「土地400」が増加したといえる。

現金や土地のように、商店にとって役立つ「もの」を総称して「資産」というんだ。だから、現金という資産が減少し、土地という資産が増加したともいえるよね。

「あ、なるほど。理論的にはそういうことか……」

これから登場する建物も備品も商品も、商店にとって商売に役立つ「資産」なので、同じように左側（借方）に記載するから、覚えておいて。

　「わかりました」

　でも、よく見てごらん。土地という項目が増えたのに、貸借対照表の左側（借方）と右側（貸方）の合計はどちらも1,000で、等しくなっているだろう？

　「あ、バランス・シートですもんね！　なんだかおもしろくなってきました」

　うん。これから先、このような貸借対照表が出てきたら、習慣的に左右の欄の合計金額がバランスすることを確かめて、私に報告してほしい。いいね？

　「はい、わかりました。このくらいの計算なら、暗算でもなんとかいけそうです」

　さて、取得した土地には店舗が必要だ。三木商店の開店へ向けて踏み出すよ。

　「なんだか、ドキドキしますね」

　ドキドキといえば、私の講義中のクセと老婆心でときどき「……覚えてる？」と聞くから、もっとドキドキできるよ。

「えっ、それは困ります」

建物300を取得（購入）しました

借方		貸借対照表	貸方	
現	金	~~1,000~~	資 本 金	1,000
	〃	~~600~~		
	〃	300		
建	物	300		
土	地	400		

今度は、「現金300」が減少し、「建物300」が増加したよ。貸借対照表の左側（借方）と右側（貸方）の合計はどうだい？

「は、いきなり忘れてました。1,000で、同じです」

よし、次は商売のための備品を購入しよう。備品は営業活動の必須の資産だ。その内容はいろいろだけど、一般的には机・イス等の家具類、パソコン、商品陳列棚、金庫等かな。

備品200を取得（購入）しました

借方		貸借対照表	貸方	
現	金	~~1,000~~	資 本 金	1,000
	〃	~~600~~		
	〃	~~300~~		
	〃	100		
備	品	200		
建	物	300		
土	地	400		

「現金200」が減少し、「備品200」が増加しているだろう？

　「はい。でも、貸借対照表の借方と貸方の合計は1,000で等しいです」

そうだ。おおまかだけど、この時点で営業活動に必要な資産がそろったことになる。

　「お店を始めるのって、当たり前ですけど、いろいろそろえなくちゃならないんですね。大変だなあ。ボクの現金もどんどん減ってきちゃってるし……」

そうなんだよ。肝心の商品の取得がまだだしね。しかも現金がいま100となってしまっていて、資金が足りないという事態が発生している。
　そこで銀行の出番だ。いわゆる、資金の借り入れだ。

　「ボク、借金はきらいです。なるべくならきれいな身体でいたいというか……」

いや、商売での借金は必ずしも悪いものではない。場合によっては、有益でさえあるんだ。

　「えっ、そうなんですか」

実際にお金を借りて、資金の動きを見てみよう。

第1時限 「超理解」

銀行から現金 500 を借り入れました

借方			貸借対照表	貸方	
現		金	~~1,000~~	借 入 金	500
	〃		~~600~~	資 本 金	1,000
	〃		~~300~~		
	〃		~~100~~		
	〃		600		
備		品	200		
建		物	300		
土		地	400		

　銀行からの借り入れ 500 によって「現金 500」が増加し、それに対応する「借入金」が右側（貸方）に同額の 500 として記載されるんだ。
　借入金は、会計上「負債」といい、**資産を増加させるひとつの有効な手段**だといえるんだよ。

　「でも、負債で資産を増加させるなんて、なんだかおかしな感じがします。
　あっそうだ、貸借対照表の借方と貸方の合計は 1,500 で、等しくなっています」

お、忘れなかったな（笑）。
じゃあ、ここまでのことをまとめておこうか。

《まとめ》貸借対照表を整理してみましょう

左側＝借方	貸借対照表	右側＝貸方

資　産	負　債
	資　本

　資産は「左側＝借方」に記入し、負債・資本は「右側＝貸方」に記入します。

　他人から調達した「負債」と自己資金の「資本」とを合わせた資金によって取得したものが、「資産」です。

　つまり、貸借対照表をみれば、資産をいかなる資金で取得したのかがわかります。

　先ほどの貸借対照表を算式で表すと、次のとおり。

$$資産 1,500 ＝ 負債 500 ＋ 資本 1,000$$

　この算式は「貸借対照表等式」と呼ばれています。

　通常、資産を取得するための資金は、負債より資本のほうがよいといえます。なぜなら、負債は返済が必要ですが、資本は返済が不要だからです。

　さあ、土地、建物、備品の設備が整ったので、いよいよ商品を仕入れて、三木商店の商売開始だ。扱う商品がまだだったな。なんでもいいから決めてくれ。

　「うーん、なんでもいいっていわれても……。じゃあ、八百屋にします。幼稚園児みたいだけど」

OK。では商品に野菜や果物を思い浮かべながら仕入れてみよう。

それと、これからはいちいち線を引いて数字を直さないで、修正済みの数字だけを書き入れていくよ。

商品250を仕入れました

借方			貸借対照表			貸方
現	金	350	借	入	金	500
商	品	250	資	本	金	1,000
備	品	200				
建	物	300				
土	地	400				

「現金250」が減少し、「商品250」が増加したことは、もうわかるね。

　「大丈夫です。左側と右側の合計も1,500で等しくなっています」

では、仕入れたこの商品を販売したら、どうなるだろうか?

　「えっ?」

商品のうち200を300で販売しました

借方			貸借対照表			貸方
現	金	650	借	入	金	500
商	品	50	資	本	金	1,000
備	品	200				
建	物	300				
土	地	400				

これを、これまで私が話していたように説明してみて。

「えっと、『現金300』が増加し、『商品200』が減少しました。左側と右側の合計も等しく……えっ、なってない！！　どういうこと！？　左側は1,600、右側は1,500じゃないですか！　合計が一致しなくなってしまいました」

そうなんだよ。貸借対照表、つまりバランス・シートがバランスしなくなってしまった。これを解決するためには、**「損益計算書」を作成する必要が出てくる**。商品を売って利益が出たんだから、損益を計算するというわけだね。

「そんえきけいさんしょ？　また新しい言葉が出てきた」

損益計算書は、英語で「プロフィット・アンド・ロス・ステイトメント」と呼ばれ、その頭文字を取って「P／L（ピーエル）」と略される。ちなみに、プロフィットは収益（と利益）、ロスは費用（と損失）という意味。

「貸借対照表より、難しい用語ですね」

うん、でも損益計算書も貸借対照表と同様に、左側（借方）と右側（貸方）にわけて記載するから心配ない。借方には費用、貸方には収益というふうにね。
この記載の原理には理由があるんだけど、いまはこの疑問を残したまま、もう少し先に進むことにしよう。
試しに先ほどの損益計算書をつくると、こうなるよ。

第1時限 「超理解」

借方	損 益 計 算 書	貸方
	商 品 販 売 益	100

　200の商品を300で販売したため、「商品販売益100」が損益計算書に計上されたというわけだ。

　「名前のわりに、シンプルですね」

　でもほら、ここで先ほどの貸借対照表と、この損益計算書を続けてタテに見ていってごらん。通算した借方合計と貸方合計はどうなるかな?

　「ふたつの表の左右をタテに合計するんですか。えっと……あ、1,600で、等しくなった!　不思議です……っていうことは、もしかしてこれからは貸借対照表と損益計算書をいつも一緒に見なくちゃいけないってことですか?」

　まぁ、そういうことだ。先ほどの場合の貸借対照表と損益計算書を見やすいようにタテに並べて書くと、次のようになる。

借方	貸借対照表		貸方
現　　　　金	650	借　入　金	500
商　　　　品	50	資　本　金	1,000
備　　　　品	200		
建　　　　物	300		
土　　　　地	400		

借方	損益計算書		貸方
		商品販売益	100

借方合計	1,600	貸方合計	1,600

　ここで大事な原則をひとつ。借りたお金には、利子がつくということ。だから、銀行に利息を払わなくちゃいけない。

　「え〜、だから借りるのイヤだったんです……」

　まあそういわずに。

借入金500の利息10を支払いました

借方	貸借対照表		貸方
現　　　　金	640	借　入　金	500
商　　　　品	50	資　本　金	1,000
備　　　　品	200		
建　　　　物	300		
土　　　　地	400		

　「えっと、『現金10』が減少しました。このままだと貸借対照表の借方合計は1,590、貸方合計は1,500で合計が一致しなく

なるから……もしかして損益計算書に『利息10』を記載する……?」

大正解! すごいじゃないか! 用語としては「支払利息」と書くけどね。

借方	損 益 計 算 書		貸方
支 払 利 息　　　　10	商 品 販 売 益		100

「ありがとうございます! で、ふたつの表をタテに見ると……1,600で等しくなってます!」

そのとおり。すなわち、貸借対照表と損益計算書をタテに並べて、通算の借方合計と貸方合計を見てみるとバランスする、ということがわかったかな。

こうやってお金の記録を取りながら、日々その活動を繰り返していくのが、すなわち商売ということになる。そうして年に一回の決算日を迎え、売上や利益を計算するわけなんだけど、今日ここで決算日を迎えたものとして、貸借対照表と損益計算書をきちんと整理・作成してみようか。

「え〜、決算ですか。まだ早いんじゃ……」

いやいや、どこで切っても原理は同じなんだから、一度ここで経験しておくと全体像がつかみやすくなるんだよ。

決算日と会計期間について

　決算日は、商店、会社などが営業活動の成果（利益）や財産の状態を計算する日をいいます。営業活動の成果（利益）は損益計算書で示し、財産の状態は貸借対照表で示します。計算する期間を会計期間といい、商店の会計期間は、暦どおりの1月1日から12月31日の1年間です。会社の会計期間も通常1年間ですが、いつからいつまでの1年にするかは自由に決められます。

第1時限 「超理解」

貸借対照表と損益計算書を作成する

まず、損益計算書で当期の純利益を計算してみよう。

損 益 計 算 書

支 払 利 息	10	商品販売益	100
当 期 純 利 益	**90**		
	100		100

商品販売益（収益）100と支払利息（費用）10との差額が当期純利益90として計上され、当期純利益は、差額として左側＝借方（費用側）に記載される。本来、右側＝貸方にある金額が左側＝借方に記載されるため、赤字または太字記入されるんだ。

つぎに、貸借対照表を作成してみるよ。

貸 借 対 照 表

現 金	640	借 入 金	500
商 品	50	資 本 金	1,000
備 品	200	当 期 純 利 益	90
建 物	300		
土 地	400		
	1,590		1,590

損益計算書で計算された当期純利益90を貸借対照表の貸方に転記することで、貸借対照表の「左側＝借方」と「右側＝貸方」の合計額が一致する。貸借対照表上において当期純利益は「右側＝貸方」に記入される。当期純利益90は、商店にとって返済しなくていい金額だから、初期の出資額である資本金と同様の性格をもっていることはわかるよね。だから翌期（次の会計期間）では、これを資本金に含めて1,090として営業を開始することになるんだ。

「あの、なんか線とか矢印とか出てきて、ちんぷんかんぷんなんですけど……」

そうそう、いきなりで悪かった。これらの線の意味を説明しておこう。かんたんにいえば、会計のルールというか、習慣なんだけれどね。

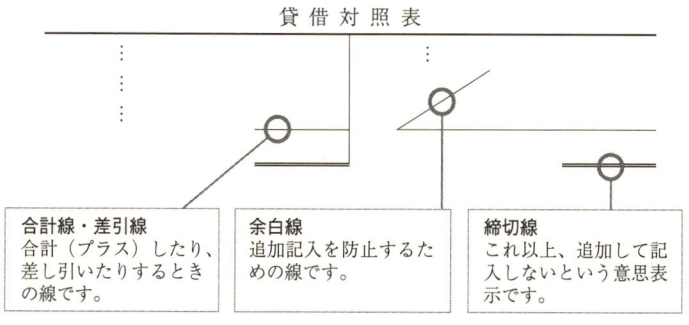

「なんか、しっくりきませんけど……」

大丈夫。いまはわからなくて問題ないからね。ただ、翌期の資本金に前期の純利益が加算されていることだけを確認して。

翌期の貸借対照表

現	金	640	借	入	金	500
商	品	50	資	本	金	1,090
備	品	200				
建	物	300				
土	地	400				
		1,590				1,590

「まだここではわからなくても、ほんとうにいいんですね？」

はは、心配いらないよ。

貸借対照表の読み方

ところで、借方（左側）、貸方（右側）という会計用語には慣れてきたかな？

「いえ、まだいっぱいいっぱいで……」

そうだろうね。そういう専門の用語に違和感がなくなったら、ほんとうに理解できてきたというサインだと思ってもらってもいい。
さて、いま作成した貸借対照表は、いつの間にか「なかなか」なものになっているとは思わないかい？

「はい、なんか本格的って感じがします」

そうだね。実際にこの貸借対照表を「読んで」みると、こうなる。
——資産である現金、商品、備品、建物、土地は、負債である借入金と資本金（出資金）とで調達した——

「なんだか、わかるような、わからないような……」

経済用語で「拡大再生産」という言葉がある。簡潔にいうと「利益は資本を増加させ、資本により資産を増加させ、資産はまた新しい利益を生み出す」ということなんだ。すべての経済活動は、この言葉に集約されるといってもいいくらいのものだから、しっかり頭に入れておいてほしい。

●借方に費用を記載し、貸方に収益（利益）を記載する理由

　当期純利益90は、営業開始時の資本金1,000に含めて資本金1,090とし、次の営業活動が開始されます。つまり、利益90は、「元手を増やした」こととなります。

　資本金は、「右側＝貸方」に記載されます。資本金を増加させる「収益（利益）」は資本金と同じ側（貸方）に記載し、資本金を減少させる「費用」は反対側の「左側＝借方」に記載されることとなるのです。

さあ、1時限目もこれで終了だ。感想を聞かせてもらおうか。

　「まったくの素人であるボクでしたけど、なんとか貸借対照表と損益計算書のしくみというか、構造のようなものが見えてきた気がします」

そういってもらえると、私も教え甲斐があるというもの。明日もこの調子でいこう。

　「はい、よろしくお願いします」

三木君のひとりごと
……ふぅ〜。財務諸表なんて自分には関係ないって思ってたけど、勉強してみるとけっこうおもしろい。っていうか、社会人としてこれから仕事をしていくうえで必要不可欠の知識だっていうことは何となくわかるよなぁ。それにしても「わかればおもしろい」とは本当だ……。

〜ちょっとひと息〜　数字のはなし①

数字とカンマ

　取引の発生から財務諸表の作成までは、次の過程を経ます。

　　伝票記入→パソコン入力→財務諸表完成

　このうち、くせものなのが「伝票記入」です。
　伝票には、3桁ごとに太線が引いてあります。これはカンマの役割をしているのです。
　だからといって、会計の慣習では、10000 は失格なのです。10,000 でなければなりません。
　そもそも金額を書くとき、整数には3桁ごとに「カンマ」という記号をつけ、1の位と10分の1の位の間には「小数点」という記号をつけることは、小学校でならったとおりですよね。
　伝票記入上では、この両方の記号が区別できるように、カンマは「左」に向けて払い、小数点は「右」に向けて止めるのです。
　パソコン会計が普及したこともあって、いまはこんな当たり前の常識が欠けてきています。カンマが右に向けて止められていたり、4桁ごとに位取りされていたり、ひどいときはその存在自体がなくなっているものまであるのです（しかも、これが最近、けっこう多い）。気をつけたいですね。

第 **2** 時限

「昨日を振り返る」

コメント
理解できると自信がつく

所要時間 10 分

第2時限 「昨日を振り返る」

今日は、新しいことは何も出てこないよ。昨日の貸借対照表と損益計算書をおさらいするんだ。

「そうなんですか？　でも、おさらい大歓迎！　助かります！ じつは少し不安だったんですよね。ほんとうに理解できているのか……」

昨日作成した以下の貸借対照表と損益計算書を参考にしながら、まとめていこうか。

損 益 計 算 書

支 払 利 息	10	商品販売益	100
当 期 純 利 益	**90**		
	100		100

貸 借 対 照 表

現	金	640	借 入 金	500
商	品	50	資 本 金	1,000
備	品	200	当 期 純 利 益	90
建	物	300		
土	地	400		
		1,590		1,590

覚えてる？　余白線、締切線、合計線……。

「は、はい、何とか……」

この貸借対照表の意味というか、原理を思いっきり簡略化すると、こうなる。

貸借対照表

| 資　産 (1,590) | 負　債 (500) |
| | 資　本 (1,090) |

「ずいぶんすっきりしましたねぇ」

　だろう？　貸借対照表上、資本とは「商店にとって返済の不要な金額」だったね。この資本を増加させる手段は何かな？

「商品を売って利益を得ることです」

　そのとおり。したがって、利益を得る原因たる「収益」が発生した場合の損益計算書には、資本と同じ側の「右側＝貸方」に記載することになる。
　逆に、利益を減少させる原因たる「費用」が発生した場合の記載場所は、資本と反対側の「左側＝借方」ということになる。

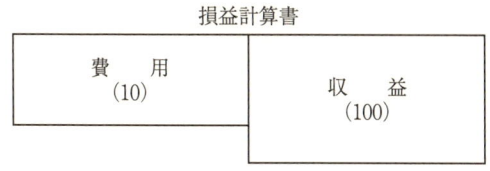

損益計算書

「はい、わかります、わかります！　１日置いて頭の中が熟成されたのかな」

ははは、それはいい。この調子だと、昨日わからないといっていた矢印つきの図表もいけるかもね。それがこれだ。

損益計算書

費　用 (10)	収　益 (100)
当期純利益 **(90)**	

　収益と費用の差額として計算された利益は、差額としてしかたなく損益計算書上、費用の下、つまり「左側＝借方」に記載されるんだが、貸借対照表上は、本来の記載すべき場所である「右側＝貸方」に記載される。それを表したのが、この矢印というわけ。

貸借対照表

資　産 (1,590)	負　債 (500)
	資　本 (1,000)
	当期純利益 (90)

この矢印は、損益計算書の借方に置いてある純利益が、貸借対照表の貸方に記載されるということを表しているだけなんだ。

　「なんだ、そういうことですか」

　おっ、なかなか強気だね。では次に、貸借対照表からわかること

をおさらいしてみよう。

「資産をどんな資金で得たか、でしたよね」

そうそう、順調に身についているね。さらにいうと、商店の財産は、返済が必要な負債と、返済がいらない資本とで成り立っているわけなんだが、その構成がどれくらいなのかわかるということだ。たとえば、この商店は負債が資本の倍あるぞ、というふうにね。

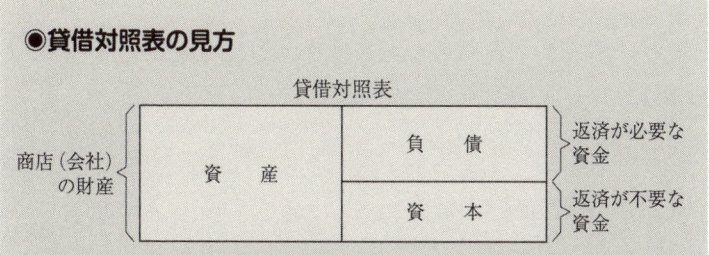

●**貸借対照表の見方**

商店（会社）は財産（資産）を、返済が必要な資金（負債）と返済が不要な資金（資本）の両方を利用して取得しています。つまり、貸借対照表は、どのような種類の財産（資産）をどのような資金の構成で購入しているのか、という情報を伝えるものだといえます。

「それはその、会社の健康状態がわかるということでしょうか」

なかなかいいこというじゃないか。では、明日の3時限につながる予習をしておこう。

第２時限 「昨日を振り返る」

「え、今日はもう終わりなんですか？」

いやいや、明日からが本番、いよいよキミの商店が株式会社になる。これはちょっと大変だぞ。だから、そのために必要なことを、いま学んでおこうということだ。

「今日は新しいことは出てこないっていうから、安心してたのに……」

予習の場合は、別問題だよ。
とくに今日は、明日出てくる新しい用語だけを先に見ておいて、心構えをつくっておいてほしいんだ。

参考　会計に関する法律

◎金融商品取引法
　上場会社（新聞等で株価が公表されている会社）は、内閣総理大臣に財務諸表を提出しなければなりません。提出する財務諸表は以下の４つ。
　貸借対照表（資産・負債の状態）
　損益計算書（利益とその計算過程）
　キャッシュ・フロー計算書（資金の増減の明細）
　株主資本等変動計算書（純資産の増減の明細）
◎会社法
　すべての会社が株主総会に提出する計算書類（会社法では、財務諸表を計算書類といいます）を作成することを義務づけています。計算書類は、金融商品取引法の財務諸表と同様です。ただし、キャッシュ・フロー計算書の作成は不要です。

明日へのプロローグ

　株式会社の貸借対照表と損益計算書の様式、そしてその構成要素を示すと、以下のようになる。

貸借対照表　　　　　（単位:千円）
平成×2年3月31日現在

資産の部		負債の部	
【流動資産】		【流動負債】	
現金及び預金	2,300	支払手形	1,400
受取手形	1,000	買掛金	1,700
売掛金	4,000	未払法人税等	300
有価証券	1,600	賞与引当金	400
商品	500	【固定負債】	
短期貸付金	600	長期借入金	2,000
【固定資産】		社債	3,000
建物	6,000	純資産の部	
備品	1,700	資本金	10,000
土地	12,000	資本剰余金	10,000
ソフトウェア	300	利益剰余金	1,200
資産合計	30,000	負債純資産合計	30,000

「うわぁ、出た！　いきなり知らない言葉だらけだ」

　そもそも、これがわかるようになることが本授業の着地点なんだから、現時点では内容まで理解する必要はない。もしもいまわかってしまうくらいなら、私はいらないってことになるから、かえって困るよ。これから登場する貸借対照表の項目と損益計算書の項目には「こんなものがあるんだ」と思ってくれるだけでいい。

「でも、理解できないものを見てしまうと、せっかくここまで理解できたつもりなのに、なんかプレッシャー……」

大丈夫、大丈夫。1週間が終わるころには、ばっちりになっているから。

「はい、がんばります」

ここでは、新しく出てきた項目や言葉を探してほしい。たとえば日付がついているよね。正式な貸借対照表には、作成した時点での日付を記載することになっているんだ。この日付がいわゆる「決算日」というわけ。
貸借対照表の「資産」と「負債」というのは、決算日時点の存在、つまりストックを示していることになる。

「これまでの表の左側（借方）が『資産の部』、右側（貸方）が『負債の部』っていう言葉になってますね。あ、右下のほうには『純資産の部』っていうのもある」

見慣れない単位もあるだろう？　会社の規模というのは成長とともに大きくなるから、読み手にわかりやすくするために、金額単位は「円」ではなく「千円」、または「百万円」を単位として記載することを会社法で認めているんだ。

「え、よくわかりません。どういうことですか」

たとえば千円単位の場合、「100千円」は「10万円」のこと。では、10,000千円は？

「えっと、1,000万円ですか？」

そのとおり。最初のうちは違和感があるかもしれないが、何度も目にしているうちにすぐ慣れるよ。

さて、ここではとにかくひととおり全体像を知るだけでいいので、さっきの貸借対照表の表示を簡略化して説明しようか。

貸 借 対 照 表
平成×2年3月31日現在　　　（単位：千円）

流 動 資 産	10,000	流 動 負 債	3,800
固 定 資 産	20,000	固 定 負 債	5,000
		純　資　産	21,200
	30,000		30,000

「ずいぶん見やすくなりました」

なんでもそうだけど、その成り立ちというか、原理原則さえわかれば、どんな複雑に見える表も心配いらないんだ。

左側の「資産の部」は、**流動資産**と**固定資産**とに区分して表示することがわかるね。

流動資産に表示される金額は、おおむね1年以内に現金化される資産の金額を示している。固定資産に表示される金額は、1年以内に現金化されない資産と、現金化せず利用するために所有する資産の金額を示している。

「ふむふむ」

右側の「負債の部」は、**流動負債**と**固定負債**とに区分して表示する。流動負債に表示された金額は、おおむね1年以内に現金支出さ

れる負債の金額を示している。固定負債に表示された金額は、1年以内に現金支出されない負債の金額を示しているというわけ。

「ここでは、そういう言葉の意味を理解すればいいんですね」

そうだ。それともうひとつ、さっきキミがいっていた「純資産の部」は、個人商店の「資本金」に該当する金額のこと。資金を店主が出資しているか、市場の投資家である株主から出資されているかの違いはあるけどね。
「純資産の部」はいつも負債の下に表示されるんだけど、何度もいうように負債は「返済必要」、純資産は「返済不要」だ。これがとにかく大事なことなんだ。

「えっと、資産、負債、純資産の関係を、もう一度まとめて説明してもらえますか？」

では、いまの貸借対照表をさらにコンパクトに書き換えてみようか。

貸借対照表

資　産	30,000	負　債	8,800
		純資産	21,200

「すごくわかりやすい！」

数字に注目してほしい。資産は、負債と純資産の合計になっていて、バランスしているだろう。ここでたとえば資産のうち、土地や建物が増加すると、会社の売上を増加させる可能性が高まるという

ことになる。

「えっと、ちょっと待ってください。表にもどりながら確認させてください。資産には流動資産と固定資産があって、その固定資産のうちの『土地や建物』を増やすと、売上を増やせるということですね」

そうそう。順序として、負債（特に借入金）または純資産を増やせば、その分の資金が資産となって、土地や建物を増加させることができるということだ。
だから、売上を増加させる自信さえあれば、手っ取り早い負債、つまり借り入れをして、資産を増加させる方法が用いられるわけ。その意味で、負債（借り入れ）もけっして悪いものではないといったんだ。
そんな会社の情報を提供するための財務諸表が「貸借対照表」なんだよ。ただし、いくら「負債もけっして悪いものではない」といっても、あくまで会社の話だからね。

「自分でいうのもなんですが、かなりわかってきたような気がします。でも三木商店は、あまり儲からないだろうなぁ」

じゃあ、次は損益計算書。これもいまはひととおり目を通すだけで結構。

損益計算書 (単位:千円)

自平成×1年4月1日至平成×2年3月31日

I	売上高		50,000
II	売上原価		
	期首商品棚卸高	400	
	当期商品仕入高	35,800	
	合　計	36,200	
	期末商品棚卸高	200	36,000
	売上総利益		14,000
III	販売費及び一般管理費		
	給料手当	6,000	
	広告宣伝費	1,000	
	荷造発送費	700	
	租税公課	1,300	
	賞与引当金繰入	400	
	貸倒引当金繰入	60	
	減価償却費	400	9,860
	営業利益		4,140
IV	営業外収益		
	受取利息	20	
	受取配当金	310	330
V	営業外費用		
	支払利息	120	
	社債利息	50	170
	経常利益		4,300
VI	特別利益		
	固定資産売却益		700
VII	特別損失		
	火災損失		1,000
	税引前当期純利益		4,000
	法人税、住民税及び事業税		1,600
	当期純利益		2,400

損益計算書には、「会計期間」の日付を記載していることに注目。「自」は「より」、「至」は「いたる」と読むよ。

　「あの、これってさっき見た損益計算書と書式が違うみたいなんですけど。左側と右側にわかれてもいないし……」

　そうだったね。これまで見てきた損益計算書は「勘定式」といわれ、慣行慣習で作成される形式なんだ。しかし、会計の知識のない人にはわかりにくいため、法律では、借方貸方にわけず、数字をタテに並べる「報告式」が採用されているというわけ。だから、一般の決算書に見られるのは、この「報告式」のほうなんだ。

　「そうなんですか。せっかく慣れてきたのに……」

　まあ、こちらのほうがカンタンなんだから、そういわずにがんばろう。
　損益計算書の一番大きな収益は、いうまでもなく売上高だ。売上高は1日より2日、2日より3日と増えていって、最終的に365日間（1年間）の大きさを示すことになるから、「期間」とするんだね。いってみれば、貸借対照表はその時点（決算日）での「ストック」（状態）を示すのに対し、損益計算書は一会計期間の「フロー」（成果）を示しているんだ。金額単位は貸借対照表に合わせるよ。

　「なるほど」

　損益計算書も、簡略化してみよう。わかりやすいように、3段階にわけて表示しようか。

第2時限 「昨日を振り返る」

1)

損益計算書

費　用	48,630	収　益	51,030
当期純利益	**2,400**		

↓

2)

損　益　計　算　書

売　上　原　価	36,000	売　　　　　上	50,000
販売費及び一般管理費	9,860	営　業　外　収　益	330
営　業　外　費　用	170	特　別　利　益	700
特　別　損　失	1,000		
法人税、住民税及び事業税	1,600		
当　期　純　利　益	**2,400**		
	51,030		51,030

↓

3)

損　益　計　算　書　　　　（単位：千円）
自平成×1年4月1日至平成×2年3月31日

Ⅰ	売上高	50,000
Ⅱ	売上原価	36,000
	売上総利益	14,000
Ⅲ	販売費及び一般管理費	9,860
	営業利益	4,140
Ⅳ	営業外収益	330
Ⅴ	営業外費用	170
	経常利益	4,300
Ⅵ	特別利益	700
Ⅶ	特別損失	1,000
	税引前当期純利益	4,000
	法人税、住民税及び事業税	1,600
	当期純利益	2,400

損益計算書は、最終的には当期の純利益を示す財務諸表なんだけど、当期純利益の計算過程において会社の営業活動の成果を内容別に読み取れるように工夫されている。太字の部分をひとつひとつ見ていこうか。

① 「売上総利益」
　商品そのものから得られる利益を示す。たとえば、36,000千円で仕入れた商品を50,000千円で販売すれば、売上総利益は14,000千円となる。

> 売上高－売上原価＝売上総利益

> **参考** 売価（売値）はどのように決定するのか？
>
> 　喫茶店のコーヒーの売価は、どのように決定するのでしょうか。
> 　100gで700円程度のコーヒー豆を仕入れて、それでコーヒーを提供したとします。1杯当たりのコーヒー豆の消費量が10g程度であれば、1杯のコーヒーは70円で提供できることになります。しかし、70円では儲かりません。そこで利益を加算することになります。それでは、利益30円を加算して1杯100円で提供することにしましょう。これなら、チェーン店のコーヒーより相当安いですから大繁盛の喫茶店になるかもしれません。……1日500杯売れれば1日で15,000円（30円×500杯）の利益になり、1か月30日なら450,000円の利益になります。
> 　じつは、そんな考えで喫茶店を開業したとすれば失敗することになります。それは、コーヒー豆以外に発生する費用が回収

> できずに現金不足が生じてしまうからです。コーヒー豆以外に
> 発生する費用とは、店主たる自分の給料、人を雇用すればその
> 人件費、場所代たる家賃、水道光熱費などの費用です。
>
> 　コーヒー豆を含めた総費用を回収するとなるとチェーン店の
> コーヒーは、なかなか安いのかもしれません。

②「営業利益」〜本業の力

　売上を獲得するための「必要な諸経費」を引いたあとの利益だ。この諸経費は、「売価（売値）はどのように決定するのか？」で説明したコーヒー豆以外の総費用で、販売費と一般管理費とで構成されている。

　この営業利益というのは、会社本来の目的である「本業の力」を示しているといえるんだ。

売上高－売上原価－販売費及び一般管理費＝営業利益

	損 益 計 算 書	（単位：千円）
Ⅰ	売上高	50,000
Ⅱ	売上原価	36,000
	売上総利益	14,000
Ⅲ	販売費及び一般管理費	9,860
	営業利益	4,140 ← 本業の力

③「経常利益」〜総合力

営業利益に営業外収益をプラスし、営業外費用をマイナスした利益のこと。

営業外収益と営業外費用は、会社本来の目的とする売上を直接獲得するための収益や費用ではないけれど、毎年経常的に発生する収益や費用だ。営業外収益は預金等の受取利息、営業外費用は借入金の支払利息が代表例。

この経常利益は、会社の「総合力」を示しているといえる。ちなみに経常利益は、昭和49年までの損益計算書では「当期純利益」として示されていたんだ。

営業利益＋営業外収益－営業外費用＝経常利益

損 益 計 算 書		(単位:千円)
Ⅰ	売上高	50,000
Ⅱ	売上原価	36,000
	売上総利益	14,000
Ⅲ	販売費及び一般管理費	9,860
	営業利益	4,140
Ⅳ	営業外収益	330
Ⅴ	営業外費用	170
	経常利益	4,300 ←総合力

④「税引前当期純利益」

経常利益に特別利益をプラスし、特別損失をマイナスした利益のこと。

特別利益と特別損失は、会社の営業活動で突発的、臨時的に発生する利益や損失だ。営業活動とは無関係に発生するので、収益では

なく「利益」、費用ではなく「損失」としている。特別利益は、建物や土地などの固定資産を売却したときに発生した利益などで、特別損失は災害により発生した損失が代表例。

　税引前当期純利益は、会社の一会計期間の結果としての利益を示している。

経常利益＋特別利益－特別損失＝税引前当期純利益

⑤「当期純利益」

「当期純利益」は、税引前当期純利益から法人税等を控除した損益計算書の最終利益だ。法人税等とは、法人税、住民税及び事業税の税金の合計。当期純利益は、株式会社に出資している株主への分配可能な利益を示しているといえる。

税引前当期純利益－法人税、住民税及び事業税＝当期純利益

> **参考　法人税、住民税及び事業税とは？**
>
> 　会社は、法律で定める必要な手続きにより設立されます。したがって、会社は法律がつくった人格とされ、「法人」ともいいます。そのため会社の税金を法人税といいます。
>
> 　また、会社も個人同様に所在地の地方公共団体に住民税を支払います。事業税は、都道府県が、その管轄地で事業を行う法人に課する税金です。法人が収益活動を行うにあたっては、地方公共団体の各種の施設を利用し、種々の行政サービスの提供を受けることから、そのために必要な経費を分担すべきであるという考え方に基づきます。

ここまでのことを頭に入れて、明日はいよいよ株式会社を設立する。
　心構えはできたかな？

　「はい、がんばります」

三木君のひとりごと
……いやぁ、すごいことになってきた。まったくの素人であるボクが、貸借対照表やら損益計算書やら、なんとか利益とか、けっこう勉強できてるってのが、すごくない？　でも明日は株式会社をつくるっていうんだから、どうなることか……。

～ちょっとひと息～　**数字のはなし②**

数字の角度？

　小学校に入ると、数字の書き方をならいます。

$$1\ 2\ 3\ 4\ 5\ 6\ 7\ 8\ 9\ 0$$

最初はみごとに直立していますよね。

　それが、学年が進むうちに、右斜めに倒して書くようになる人が多くなります。ちょっとカッコをつけるのでしょうか。私がふだん接している簿記学校の生徒などは、ほとんどがこの書き方をします。

$$1\ 2\ 3\ 4\ 5\ 6\ 7\ 8\ 9\ 0$$

ところが15年ほど前、息子が中学生のとき、妙に前につんのめったような字が流行しました。数字ももちろん、左にかたむきました。

$$1\ 2\ 3\ 4\ 5\ 6\ 7\ 8\ 9\ 0$$

これでは、カンマを左に向けて払うことは難しいですよねぇ。

第3時限

「株式会社の財務諸表」

コメント

ここがヤマ場、乗り越えると先が見える

所要時間 40分

第3時限「株式会社の財務諸表」

さあ、これから株式会社の設立に入るよ。

「ボクの個人商店が株式会社になるんですか？」

本来ならばキミがいうように、八百屋である三木商店を株式会社化するべきところだが、そのためには複雑な手続きが必要だ。それは本授業の目的ではないので、ここでは以下の条件にしたがって、「スーパー三木」としてフレッシュ・スタートすることにしよう。

「スーパー三木なんて、なんだか格上げされたような気分ですね」

昨日の後半の授業で出てきたように、用語が増えるだけで、基本構造はなんら変わらないから、安心していこう。
とりあえず次の条件でスタートしてみるよ。

(1) **資本金 70,000 千円の払い込みを行い、株式を発行して、株式会社を設立する。**
(2) **株式会社（以下、当社と呼ぶ）の事業目的は、商品売買とする。**
(3) **当社の会計期間は1年間で、4月1日から営業を開始して3月31日を決算日とする。**

すると、貸借対照表はこうなるよ。

貸 借 対 照 表　　　　　　（単位：千円）

現　　　金	70,000	資　本　金	70,000

「最初のときと変わりませんね」

そう。出資金は、貸借対照表の貸方（右側）に資本金として記載するんだったね。

「左側と右側の数字も 70,000 千円でバランスしています」

●会社の設立について

株式会社を設立するときは、資本金に相当する金額を金融機関の発起人（会社を設立する人）の口座に払い込み、会社は株式を発行します。資本金の払い込みが金融機関に行われた証明書は、設立時に必要な書類になります。

なお、上場会社（新聞等の株式欄に株価を公開している会社）の株券は 2009 年（平成 21 年）1 月に電子化（ペーパーレス化）されています。ただし、非上場会社の株券は、株券電子化制度は適用されませんので、ペーパーの株券は引き続き有効です。その場合の株式の譲渡は、株券の交付によって行うことができます。

株式会社の設立のおおまかな手続き
① 発起人、商号（会社名）、所在地、資本金、取締役、決算日の決定
② 定款と社印の作成　定款とは、会社の事業目的等を記載した「会社のルール・ブック」です。
③ 登記申請書、資本金の払込証明書などの必要書類を登記所で登記申請　登記申請日が会社設立日となります。

続けて、銀行と取引するために必要な口座を開くよ。

銀行に当座預金口座 10,000 千円と
普通預金口座 5,000 千円を開設した

貸 借 対 照 表　　　　（単位:千円）

現　　　　　金	55,000	資　本　金	70,000
当 座 預 金	10,000		
普 通 預 金	5,000		

　現金 15,000 千円が減少し、当座預金 10,000 千円と普通預金 5,000 千円が増加したことを確認してほしい。

>「はい、いまのところ大丈夫です。当座預金と普通預金ってどう違うのか、よくわかりませんが。貸借対照表の左右は 70,000 千円でバランスしています」

　うん。当座預金は、小切手、手形を使用するときに必要な預金口座だ。小切手帳、手形帳は、当座預金の開設時に購入する。当座預金は、銀行間で入出金が行われるため、通帳は発行されず利息もつかないよ。口座開設時は手数料がかかり、小切手帳や手形帳も有料だけど、ここでは無視する。普通預金は、われわれがいつも使用している預金のことだね。会社では、公共料金等の支払いや小口の入出金（振込・入金）に利用することが多い。

>「そういう違いがあるんですか。いままで知りませんでした。社会人としてのいい勉強になります」

　よし、口座が開設できたので、さっそく資金を借りよう。

「ここでもやっぱり借金するんですか？」

商売に必要な資産を増加させるための負債は必要なものだといったろう？

銀行から30,000千円を借り入れた
借入期間は5年、年利率6％（利息は1年経過ごとに支払う）
借入金は、当座預金口座に入金した

貸借対照表 (単位：千円)

現　　　　金	55,000	借　入　金	30,000
当　座　預　金	40,000	資　本　金	70,000
普　通　預　金	5,000		

貸借対照表の貸方（負債）に借入金30,000千円が記載され、借方の当座預金が30,000千円増加し、40,000千円と記載されるよ。

「貸借対照表は100,000千円でバランスしています」

次は、借りた資金を使って、そろえるべきものをそろえよう。何が必要かな？

「えっと、前に一度経験しました。土地と建物、それに備品ですか」

そうだね。ここではもう少し細分化した項目を出すけれど、基本的な考え方は一緒だ。用語だけが新しく増えていると理解してほしい。

借入金のイメージ

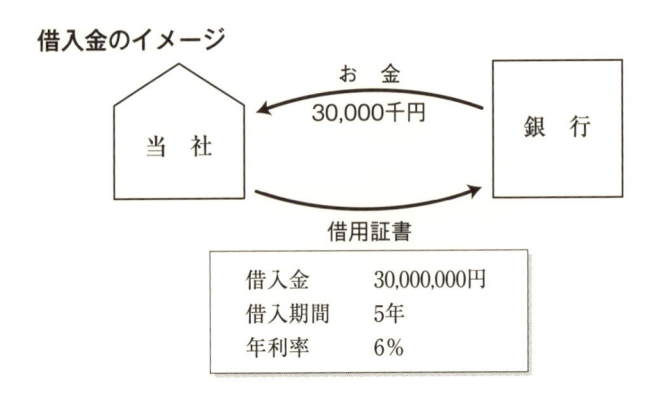

```
お　金
当　社 ←――――――→ 銀　行
   30,000千円
```

借用証書

借入金	30,000,000円
借入期間	5年
年利率	6%

建物 12,000 千円、構築物 3,000 千円、車両運搬具 2,000 千円、備品 5,000 千円、土地 20,000 千円を取得し、現金で支払った

貸　借　対　照　表　　　　（単位：千円）

現　　　　　金	13,000	借　　入　　金	30,000
当　座　預　金	40,000	資　　本　　金	70,000
普　通　預　金	5,000		
建　　　　　物	12,000		
構　　築　　物	3,000		
車　両　運　搬　具	2,000		
備　　　　　品	5,000		
土　　　　　地	20,000		

貸借対照表の借方に建物 12,000 千円、構築物 3,000 千円、車両運搬具 2,000 千円、備品 5,000 千円、土地 20,000 千円が記載され、合計額 42,000 千円の現金が減少する。

「貸借対照表は 100,000 千円でバランスしています。なんか本格的になってきましたね」

建物、構築物、車両運搬具、備品、土地は、総称して「有形固定資産」というよ。ちょっと整理しておこうか。

有形固定資産のイメージ

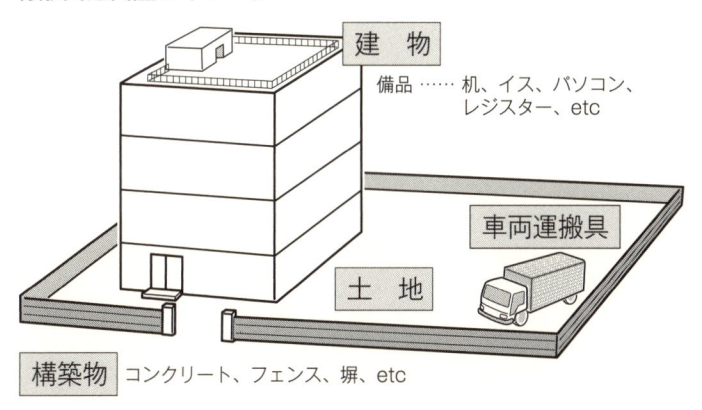

建物
備品 …… 机、イス、パソコン、レジスター、etc
車両運搬具
土地
構築物 コンクリート、フェンス、塀、etc

建物	営業の用に供する建物及び暖房、照明、通風などの附属設備を含みます。
構築物	営業の用に供する土地に定着する土木設備又は工作物です。構築物は、土地と区別され、駐車場の舗装路面や塀・壁などです。
車両運搬具	営業の用に供する自動車その他の陸上運搬具などです。
備品	営業の用に供する備品です。備品には、パソコン、レジスター、商品陳列棚、家電、家具類などがあります。
土地	営業の用に供する土地です。

いまの会社の経理は、紙の帳簿でなく、コンピュータ管理がほとんどだから、次にそのための会計ソフト等を用意しよう。

第3時限 「株式会社の財務諸表」

会計ソフトなどのソフトウェア500千円を取得し現金で支払った

貸借対照表 　　　　　　　　　　　　（単位：千円）

現　　　　　金	12,500	借　入　金	30,000
当 座 預 金	40,000	資　本　金	70,000
普 通 預 金	5,000		
建　　　　　物	12,000		
構 　築 　物	3,000		
車 両 運 搬 具	2,000		
備　　　　　品	5,000		
土　　　　　地	20,000		
ソフトウェア	500		

ソフトウェアは、資産として記載し、同額の現金が減少することになる。

　　「貸借対照表は100,000千円でバランスしています」

　ソフトウェアは、コンピュータ（パソコン）に組み込まれるプログラムやデータの総称だ。これは土地や建物と同様に固定資産だけれど、「有形」ではなく「無形」の使用権利であることから、会計では「無形固定資産」としているんだよ。

ソフトウェア

ソフトウェアは、CD・DVDそのものではなく、プログラムの使用権です。よって「有形」ではなく「無形」の固定資産として記載します。

CD、DVD

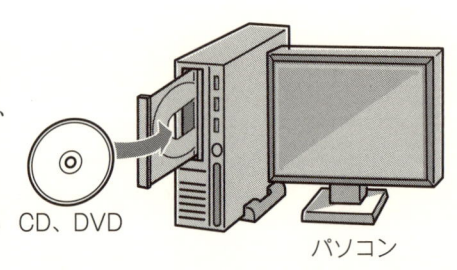

パソコン

「さっきは有形固定資産で、今度は無形固定資産……覚えなきゃいけないことが次々に出てきて大変です」

ここまでを設立時に行った営業開始のための取引としてとらえてほしい。

そしてここから、本来の事業目的である「商品売買」を行うことになるよ。

「ここからが、株式会社の本番なんですね」

従業員を雇用した

従業員の雇用時においては、財務諸表の金額には影響しないので、ここでは無視するよ。

事務用消耗品 70 千円を購入し代金は現金で支払った

貸借対照表　　　　　　（単位:千円）

現　　　　　金	12,430	借　入　金	30,000
当 座 預 金	40,000	資　本　金	70,000
普 通 預 金	5,000		
貯　蔵　品	70		
建　　　　　物	12,000		
構　築　物	3,000		
車 両 運 搬 具	2,000		
備　　　　　品	5,000		
土　　　　　地	20,000		
ソフトウェア	500		

事務用消耗品は、貸借対照表の借方に貯蔵品 70 千円と記載し、

同額の現金が減少する。事務用消耗品（貯蔵品）は、消費すると消耗品費として費用に計上することになるよ。

「使わなければ費用にならないんですか？ でも、どちらにしても左右の合計額には影響しませんよね？」

まあ、そういうことだ。

「貸借対照表の合計は100,000千円でバランスしています」

事務用消耗品のイメージ

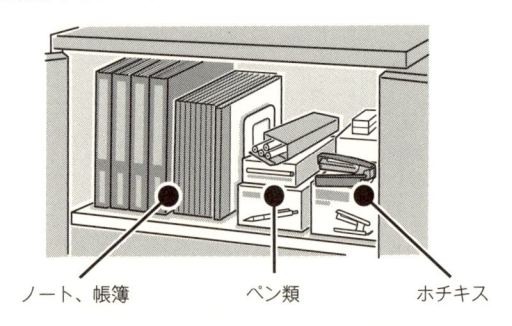

ノート、帳簿　　ペン類　　ホチキス

戸棚に入れている状態では「貯蔵品」という名称で資産です。
戸棚から出して、使用すると「消耗品費」として損益計算書の費用にします。

さて、次がいよいよ商品購入。前のときを思い出してほしい。損益計算書がここから必要になってくるよ。

「まず商品を仕入れて、それから販売するということですね？」

うん、そうだけれど、その前に商品の代金として小切手を振り出したんだ。

商品 3,000 千円を仕入れ
代金は小切手を振り出して支払った

貸借対照表　　　　　　　(単位:千円)

現　　　　　金	12,430		借　入　金	30,000
当　座　預　金	37,000		資　本　金	70,000
普　通　預　金	5,000			
貯　蔵　品	70			
建　　　　　物	12,000			
構　築　物	3,000			
車両運搬具	2,000			
備　　　　　品	5,000			
土　　　　　地	20,000			
ソフトウェア	500			

損　益　計　算　書　　　　　　　(単位:千円)

仕　　入	3,000

　商品の代金 3,000 千円は、小切手で支払ったので、当座預金を 3,000 千円減少させているよ。

　　「そうすると、貸借対照表だけの借方合計は 97,000 千円、貸方合計は 100,000 千円で、バランスしなくなるから……」

　そう。だから、損益計算書の借方に仕入 3,000 千円を記載するんだ。
　いいかえれば、貸借対照表の借方合計 97,000 千円と貸方合計 100,000 千円の差額 3,000 千円が、損益計算書の仕入 3,000 千円と一致するようにするということだね。

「はい、だから貸借対照表と損益計算書の借方合計は100,000千円、貸方合計は100,000千円で、みごとに一致します」

第1時限では、商品を仕入れたとき、貸借対照表に「商品」を資産として記載したよね。

本来、商品は仕入れ時点で仕入という「費用」として損益計算書に記載するものだ。その理由は、販売されると売上高に対応する費用（売上原価）になるから。

この点については、仕入れた商品を販売してから明らかになるよ。

「あの、もう慣れましたけど、損益計算書が登場するといつも貸借対照表がバランスしなくなりますよね。これはどういうふうに理解すればいいんですか？」

たとえば、商品3,000千円を仕入れる前と後の貸借対照表を見てほしい。

貸借対照表　　　　　　　　　　（単位:千円）

当座預金	40,000		
借方合計	100,000	貸方合計	100,000

↓ 仕入れ後

当座預金3,000千円が減少し、損益計算書の仕入に移動している。

貸借対照表　　　　　　　　　　（単位:千円）

当座預金	37,000		
借方合計	97,000	貸方合計	100,000

損益計算書　　　　　　　　　　（単位:千円）

仕　　入	3,000		
借方合計	100,000	貸方合計	100,000

つまり、損益計算書が登場すると、資産・負債の増減が損益計算書の費用・収益に反映され、貸借対照表と損益計算書の通算で合計が一致するようになるんだ。

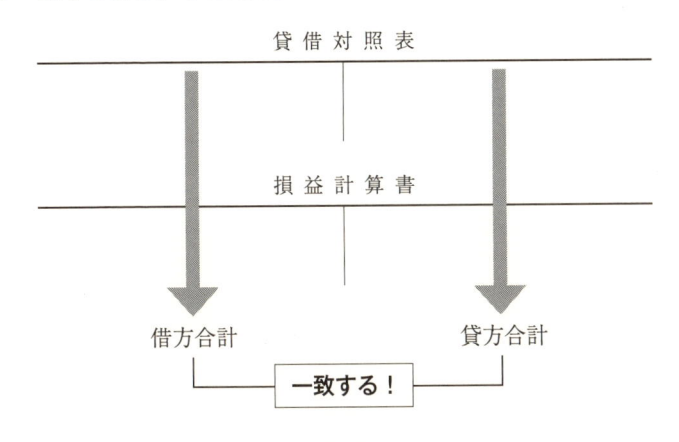

```
─────────────── 貸借対照表 ───────────────



─────────────── 損益計算書 ───────────────

            ↓                          ↓
        借方合計                     貸方合計
              └──── 一致する！ ────┘
```

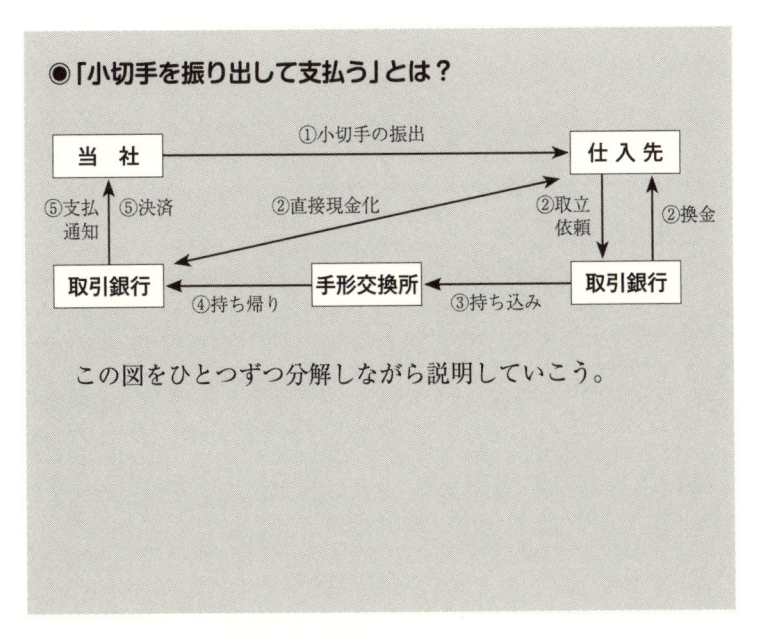

●「小切手を振り出して支払う」とは？

```
  当 社  ──────①小切手の振出──────→  仕入先
    │                                    │
 ⑤支払 ⑤決済    ②直接現金化       ②取立  ②換金
 通知    │    ←──────────────    依頼    │
    ↓    ↓                          ↓    ↓
  取引銀行 ←──── 手形交換所 ←──── 取引銀行
         ④持ち帰り        ③持ち込み
```

この図をひとつずつ分解しながら説明していこう。

①は、「小切手を振り出して支払う」という行為だ。

① 振出

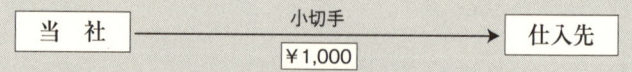

```
[当　社] ──小切手 ¥1,000──▶ [仕入先]
```

②は、仕入先は最寄の銀行または当社の取引銀行へ小切手を持って行けば通貨（現金）にできるという意味。

② 仕入先の取立依頼と換金

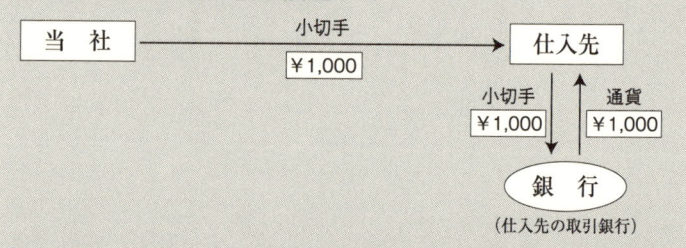

```
[当　社] ──小切手 ¥1,000──▶ [仕入先]
                             │  ▲
                      小切手 │  │ 通貨
                      ¥1,000│  │ ¥1,000
                             ▼  │
                            (銀　行)
                         (仕入先の取引銀行)
```

③と④は、当社の取引銀行へ持ち込まれなかった場合、各都市にある手形交換所を通して当社の取引銀行へ小切手が持ち込まれるという意味。

③ 手形交換所（1）

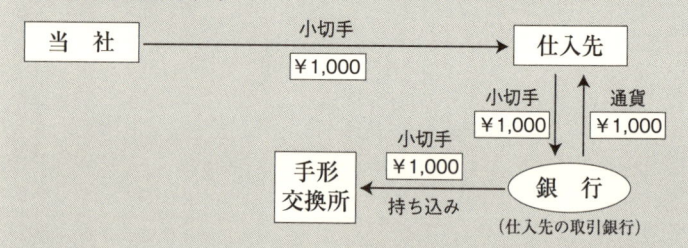

```
[当　社] ──小切手 ¥1,000──▶ [仕入先]
                             │  ▲
                      小切手 │  │ 通貨
                      ¥1,000│  │ ¥1,000
                             ▼  │
  [手形         小切手 ¥1,000
   交換所] ◀── 持ち込み ──(銀　行)
                         (仕入先の取引銀行)
```

④ 手形交換所(2)

```
当 社  ──小切手──▶ 仕入先
         ¥1,000
```

当社の取引銀行（銀行）◀──小切手 ¥1,000 持ち帰り── 手形交換所 ◀──小切手 ¥1,000 持ち込み── 銀行（仕入先の取引銀行） ◀──小切手 ¥1,000／通貨 ¥1,000── 仕入先

⑤ 決済

```
当 社  ──小切手──▶ 仕入先
         ¥1,000
```

当座預金の引落通知 ↑ 銀行（当社の取引銀行）◀──小切手 ¥1,000 持ち帰り── 手形交換所 ◀──小切手 ¥1,000 持ち込み── 銀行（仕入先の取引銀行）◀── 小切手 ¥1,000／通貨 ¥1,000 ── 仕入先

実際に当社の当座預金残高が減少するのは⑤の時点だが、会計の決まりでは小切手を振り出した①の時点で当座預金残高を減少させるという決まりがある。なお、小切手を受け取った側は、受け取った時点で現金として処理する。つまり、銀行で現金化しなくても現金として扱うんだね。そのため、小切手のような資産を「通貨代用証券」というよ。

参考 **小切手帳などの参考価額**

手形帳・小切手帳の価額は、銀行の決済手数料に相当します。
約束手形帳・為替手形帳 …… 50枚綴り　1,050円
小切手帳 …… 50枚綴り　840円

> **参考** 「価格」と「価額」
>
> 会計では、用語としてこのふたつが使い分けられることがあります。
> 「価格」は、1個、1株、1台など、単体の値段を意味します。
> 「価額」は、複数個、または商品などを購入するためにかかる手数料、運搬料などを含む値段のことを表します。

～ちょっとひと息～　手形交換所の話

手形交換所には、各銀行から手形（後述）・小切手が毎日持ち込まれます。銀行が持ち込んだ手形・小切手（他行支払）と持ち込まれた手形・小切手（自行支払）との差額は日本銀行の銀行口座を通じて振替決済されます。A銀行、B銀行及びC銀行で交換決済のしくみを見てみましょう。交換尻の700が勝ち銀行（C）の日銀の口座へ、負け銀行（A・B）から振り込まれます。

	持ち込み	持ち帰り	交換尻	
			勝ち	負け
A銀行	8,000	8,500		△500
B銀行	7,000	7,200		△200
C銀行	10,000	9,300	700	
合　計	25,000	25,000	700	△700

昔は手形・小切手を大きなカバンに入れて「持ち込み」、大きな教室のような部屋で指定された各銀行の机の上に配って回

ります。配り終えて戻ると自分の机に「持ち帰り」の手形・小切手が積まれています。これをその場で計算するわけです。したがって、昔は手形交換所に算盤(そろばん)の達人が必ず付き添っていきました。

手形交換所にコンピュータが導入されるとともに手形・小切手の交換決済はコンピュータが行うようになりました。

最近は、クレジットカードなどの浸透で小切手の利用件数が激減しているといわれています。手形・小切手の制度が日本で生まれたのは、手形交換所の誕生と同時で明治12年の大阪手形交換所が最初といわれていますが、その時代は、カードもATMもなく、ましてやネット銀行なんてありませんから、小切手や手形は便利だったでしょうね。

次は、商品を売ったら、その代金を小切手で出されたとする。どうなるかな？

仕入れた商品 3,000 千円のうち
1,800 千円を 2,500 千円で販売し
代金を小切手で受け取った

小切手の受け取り

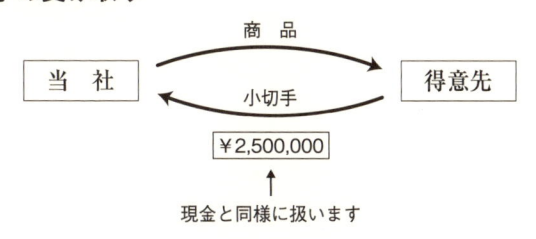

```
                商  品
   当  社  ──────────→  得意先
          ←──────────
                小切手
             ┌─────────┐
             │¥2,500,000│
             └─────────┘
                  ↑
           現金と同様に扱います
```

第3時限 「株式会社の財務諸表」

貸　借　対　照　表　　　　　　（単位：千円）

現　　　　　金	14,930	借　入　金　　30,000
当　座　預　金	37,000	資　本　金　　70,000
普　通　預　金	5,000	
貯　蔵　品	70	
建　　　　　物	12,000	
構　築　物	3,000	
車　両　運　搬　具	2,000	
備　　　　　品	5,000	
土　　　　　地	20,000	
ソフトウェア	500	

損　益　計　算　書　　　　　　（単位：千円）

仕　　　　　入	3,000	売　　上　　2,500

　商品を販売したので、損益計算書の貸方に売上2,500千円と記載するよ。販売代金は小切手で受け取ったので、現金2,500千円が増加したことになる。

　念のため、貸借対照表と損益計算書の借方合計と貸方合計が一致していることを、電卓をたたいて確認してみてほしい。

「はい、さっきから暗算では難しくなってきてました。たしかに左右とも102,500千円で一致しています。貸借対照表と損益計算書のふたつが並んで出てきたら、自然と目がタテに動いて、いつも合計を計算してしまいそうですよ。
ただ、その理由が何度も説明を受けているのに、ちょっと理解しにくいというか……念のために、売上があった場合の貸借対照表と損益計算書がバランスする理由をもう一度説明してもらえますか。しつこくてすみません」

いやいや、その意気こそ大事だ。よし、じゃあ具体的に数字を見ながら説明しよう。

売上2,500千円が記載される前の表を比べてみよう。

貸 借 対 照 表		(単位:千円)
現　　金　　12,430		

損 益 計 算 書		(単位:千円)
	(売 上 な し)	

そして、売上2,500千円が計上された後の貸借対照表と損益計算書は、次のようになる。

貸 借 対 照 表		(単位:千円)
現　　金　　12,430 + 2,500		

損 益 計 算 書		(単位:千円)
	売　　上	2,500

このように、貸借対照表の借方と、損益計算書の貸方に、同額の2,500千円が記載されたことと同じになる。だから、通算するとバランスするというわけなんだ。この原理にいつも注目すればいい。

「なるほど、そうか。すっきりしました！」

じゃあ、この調子でどんどんいくよ。

事務用消耗品(貯蔵品)18千円を使用した

貸 借 対 照 表 (単位:千円)

現　　　　　金	14,930	借　　入　　金	30,000
当　座　預　金	37,000	資　　本　　金	70,000
普　通　預　金	5,000		
貯　　蔵　　品	52		
建　　　　　物	12,000		
構　　築　　物	3,000		
車　両　運　搬　具	2,000		
備　　　　　品	5,000		
土　　　　　地	20,000		
ソ フ ト ウ ェ ア	500		

損 益 計 算 書 (単位:千円)

仕　　　　　入	3,000	売　　　　　上	2,500
消　耗　品　費	18		

　使用した貯蔵品18千円を貸借対照表から減少させ、同額を損益計算書に消耗品費として記載する。

　「貸借対照表と損益計算書の借方合計は102,500千円、貸方合計は102,500千円で一致しています」

会計期間の途中ですが、
現時点の利益を計算してみましょう

　じゃあ、またここでミニ決算というか、ここまでの利益を計算してみようか。

　「利益って、計算で出すんですか？　なんか大変そうですけど」

いや、計算式の構造というか、そのしくみと会計期間さえ理解できればカンタンだ。

> **参考 会計期間**
>
> 　今日の企業会計は、1年間を会計期間としています。その背景には、会社は永久に続くという仮定があります。
>
> 　設立した会社は、「儲かっているのか？」が途中で計算してみないとわかりません。それを計算する期間が、会計期間です。
>
> ```
>         会社の寿命は永久
> ├───┼───┼───┼───┼───┼───→
> 会計期間
> （1年間）
> ```
>
> 　コロンブスの大航海時代は、船が地球を一回りしてきて一会計期間が終了する、ということになっていました。利益が出るか、損失が出るかは、そのときに計算してみないとわからないわけです。

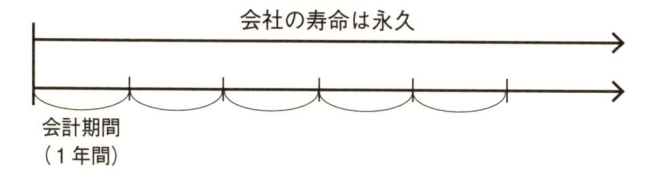

　ただし、手間さえ惜しまなければ、という条件つきだけれどね。その手間とは、商品の棚卸高の計算だ。商品の棚卸高とは、利益を計算したい時点での「商品の売れ残り額」というわけ。

　これは、売れ残っている商品すべての数（在庫数）を調べるという作業をともなうから、とても手間がかかるんだ。

第3時限 「株式会社の財務諸表」

現時点の商品棚卸高が 1,200 千円だとすると利益の計算は？

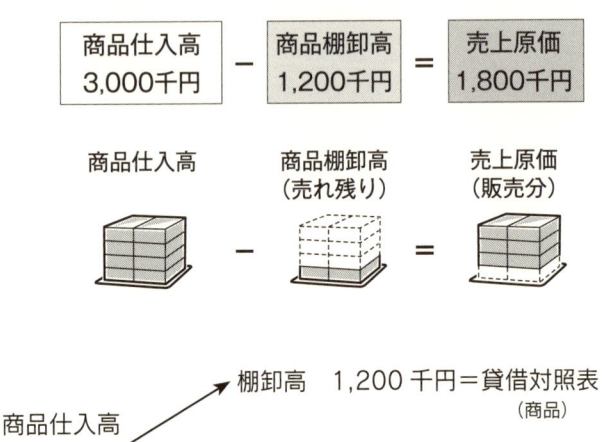

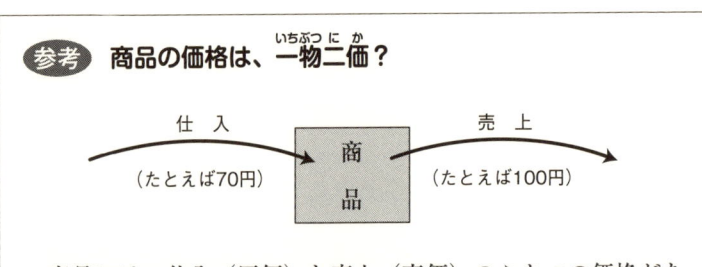

| 商品仕入高 3,000千円 | − | 商品棚卸高 1,200千円 | = | 売上原価 1,800千円 |

商品仕入高 − 商品棚卸高（売れ残り）＝ 売上原価（販売分）

商品仕入高 3,000 千円
→ 棚卸高　1,200 千円＝貸借対照表（商品）
→ 販売分　1,800 千円＝損益計算書（売上原価）

参考　商品の価格は、一物二価（いちぶつにか）？

仕　入 →　商品　→ 売　上
（たとえば70円）　　　　（たとえば100円）

　商品には、仕入（原価）と売上（売価）のふたつの価格があります。
　この差が「利益」なのです。

~ちょっとひと息~ **数字のはなし③**

　棚卸は、パソコンを使ってするわけではありません。必要な記録は、手書きをしなければならないのです。
　ところで次の数字、「いくつ」に見えますか？

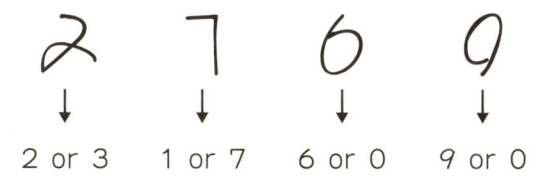

　　　2 or 3　　1 or 7　　6 or 0　　9 or 0

　このような数字を書く人が、実務でも受験勉強でも非常に多いのです。もしかして、あなたも……？
　そういえば、外国に行ってよく目にするのは「7」（7）でした。う〜ん、先生泣かせだなぁ。

第3時限 「株式会社の財務諸表」

　この計算結果を、貸借対照表と損益計算書に反映させると、以下のとおり。

貸借対照表　　　　　　（単位：千円）

現　　　　　金	14,930	借　入　金		30,000
当 座 預 金	37,000	資　本　金		70,000
普 通 預 金	5,000			
貯　蔵　品	52			
建　　　　　物	12,000			
構　築　物	3,000			
車 両 運 搬 具	2,000			
備　　　　　品	5,000			
土　　　　　地	20,000			
ソフトウェア	500			

損益計算書　　　　　　（単位：千円）

仕　　　　　入	3,000	売　　上	2,500
消 耗 品 費	18		

商品棚卸高1,200千円をこの損益計算書の仕入からマイナスし、貸借対照表に商品1,200千円として記載する。

貸　借　対　照　表			（単位：千円）
現　　　　　金	14,930	借　入　金	30,000
当　座　預　金	37,000	資　本　金	70,000
普　通　預　金	5,000		
商　　　　　品	**1,200**		
貯　蔵　品	52		
建　　　　　物	12,000		
構　築　物	3,000		
車　両　運　搬　具	2,000		
備　　　　　品	5,000		
土　　　　　地	20,000		
ソフトウェア	500		

損　益　計　算　書			（単位：千円）
仕　　　　　入	**1,800**	売　　　　　上	2,500
消　耗　品　費	18		

現時点の利益は、損益計算書の借方と貸方の差額 682 千円だ。

この結果、貸借対照表と損益計算書は下記のようにバランスさせることができる。

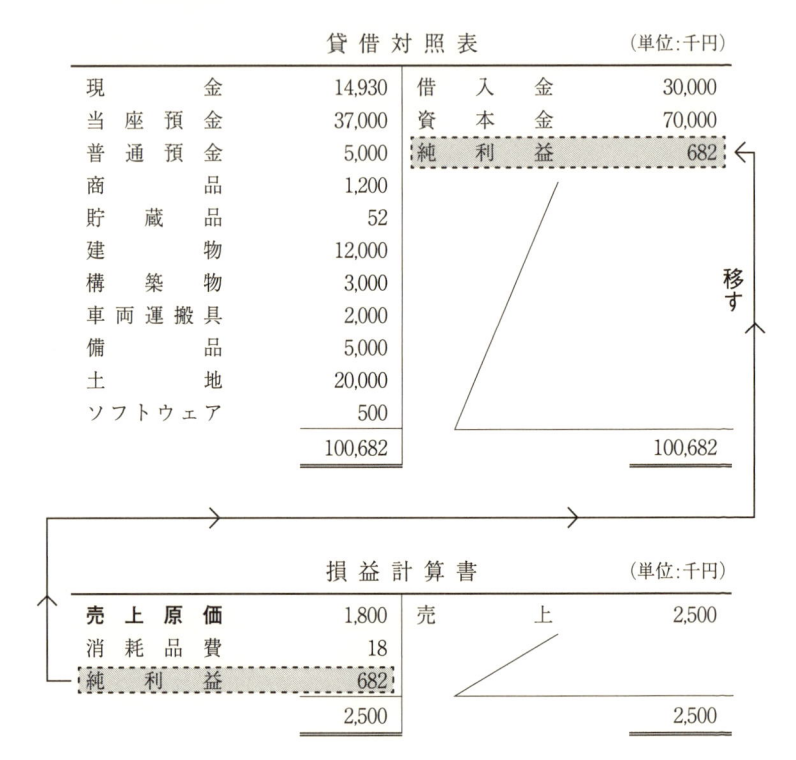

貸 借 対 照 表　　　　　　　　（単位：千円）

現　　　　　　金	14,930	借　　入　　金	30,000
当　座　預　金	37,000	資　本　金	70,000
普　通　預　金	5,000	純　利　益	682
商　　　　品	1,200		
貯　蔵　品	52		
建　　　　物	12,000		
構　築　物	3,000		
車　両　運　搬　具	2,000		
備　　　　品	5,000		
土　　　　地	20,000		
ソフトウェア	500		
	100,682		100,682

移す

損 益 計 算 書　　　　　　　　（単位：千円）

売　上　原　価	1,800	売　　　　上	2,500
消　耗　品　費	18		
純　利　益	682		
	2,500		2,500

　損益計算書の「仕入」は、利益計算時に科目を「売上原価」に変更することに注目して。純利益（会計期末ではないので当期純利益としていない）は、貸借対照表に移す。その結果、貸借対照表は100,682 千円でバランスするというわけ。

　「はぁー、そうなんですか。1 回聞いただけじゃ、ちょっと……」

そうだよね。ここでは、商品の棚卸高の計算、つまりは売上原価の数字さえ出せば、「いつでも利益を計算できる」ということを頭に入れてもらえればOKだ。

さて、第2時限の「明日へのプロローグ」で示した損益計算書に書き換えたのが、下記だ。ここでは営業利益までを示したことになる。

損 益 計 算 書	（単位：千円）
Ⅰ　売上高	2,500
Ⅱ　売上原価	1,800
売上総利益	700
Ⅲ　販売費及び一般管理費	18
営業利益	682

もとにもどって、当期の取引を継続するよ。
次は「掛け」についてだ。

「掛けって、よく7掛けとか8掛けとかいう……」

いや、それは割合だろう。ここでいう掛けは、商品は手に入れながらもすぐに代金を支払わず、何か月後かに支払うということ。「掛売り」とか「掛買い」といって、その結果生じるのが、「売掛金」と「買掛金」だ。

「そうなんですか。知りませんでした」

まあ、わかりやすくいうと「つけ」ということだな。行きつけの飲み屋なんかで「今日は金がないから、つけで頼むよ」なんていう、

あれだ。

「それなら知ってます。いわゆる後払いということですよね」

そういうこと。

商品10,000千円を仕入れ、代金は掛けとした

貸借対照表			(単位:千円)
現　　　　金	14,930	買　掛　金	10,000
当 座 預 金	37,000	借　入　金	30,000
普 通 預 金	5,000	資　本　金	70,000
貯 蔵 品	52		
建　　　　物	12,000		
構　築　物	3,000		
車 両 運 搬 具	2,000		
備　　　　品	5,000		
土　　　　地	20,000		
ソフトウェア	500		

損益計算書			(単位:千円)
仕　　　　入	13,000	売　　　　上	2,500
消 耗 品 費	18		

　商品を仕入れたので、損益計算書の仕入に10,000千円が加算される。代金10,000千円は、「掛け」としたため、貸借対照表の貸方（負債）に「買掛金」として記載するよ。

「貸借対照表と損益計算書の借方合計は112,500千円、貸方合計は112,500千円で、一致していますね」

買掛金は、商品代金に対する未払金といえる。しかしながら「未払金」の科目で記載はしない。制度会計（金融商品取引法・財務諸表等規則という法律）では、次のような決まりがあるんだよ。

商品取引で発生した未払金 → 買掛金 とする

商品取引以外で発生した未払金 → 未払金 とする

買掛金

```
              商　品
  当　社  ───────────▶  仕入先
          ◀───────────
          後日支払い＝掛け
```

「掛け」は、日常でいう「飲み屋」の「つけにして」という意味です。
つまり、「後日払うから、いまは支払わない」ということです。
会計では、これを「買掛金」といいます。

未払金

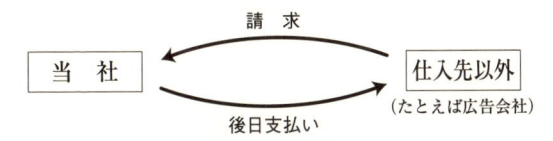

```
              請　求
  当　社  ◀───────────  仕入先以外
          ───────────▶  （たとえば広告会社）
              後日支払い
```

仕入先以外、つまり商品代金以外の「後日払い」は、
「未払金」として計上し、「買掛金」と区別します。

●買掛金と資金繰り

買掛金は、商品代金の未払金です。買掛金には一時的に資金を増加させる効果があります。

商品を現金で仕入れた場合と買掛金で仕入れた場合とを比較してみましょう。

商品仕入れ前の貸借対照表

貸借対照表	
現　　　金	50,000

※金額単位は省略しています。また、金額はイメージづくりのための仮定です。

●商品10,000を現金で仕入れた場合

商品仕入れ後の貸借対照表と損益計算書

貸借対照表	
現　　　金	40,000

損益計算書	
仕　　　入	10,000

現金10,000が減少して40,000になります。

> ●商品 10,000 を買掛金で仕入れた場合
> 商品仕入れ後の貸借対照表と損益計算書
>
> | 貸借対照表 | | | |
> |---|---|---|---|
> | 現　　　　金 | 50,000 | 買　掛　金 | 10,000 |
>
> | 損益計算書 | | |
> |---|---|---|
> | 仕　　　　入 | 10,000 | |
>
> 買掛金 10,000 が増加して負債へ記載されます。しかし、現金は減少しません。
> 　一時的に現金の余裕が生じることになります。つまり、恒常的に負債に買掛金があれば資金繰りにゆとりが生じるわけです。

　商品の棚卸の手間をかければ「いつでも利益を計算できる」といったけれども、この点が一番わかりにくいかもしれないね。
　ここで再度、利益を計算してみようか。

　商品 10,000 千円を掛けで仕入れる前の商品の棚卸高は 1,200 千円。いま 10,000 千円仕入れたので、現時点の商品の棚卸高は、

1,200 千円 + 10,000 千円 = 11,200 千円

現時点の売上原価の計算は、
　　商品仕入原価 13,000 千円 − 商品棚卸高 11,200 千円
　　　　　　　　= 売上原価 1,800 千円

仕入が 10,000 千円増加して、商品棚卸高も 10,000 千円増加

したので、売上原価は1,800千円で変わらない。

商品10,000千円を仕入れる前と後の売上原価

　　　　　　　　　仕入原価　　　棚卸高　　　売上原価
（仕入前）　3,000千円 － 1,200千円 ＝ 1,800千円
　　　　　　　↓（10,000千円増加）↓
（仕入後）　13,000千円 － 11,200千円 ＝ 1,800千円

この計算結果を貸借対照表と損益計算書に反映させるんだ。
次の貸借対照表と損益計算書は、商品の棚卸前のものだよ。

貸借対照表　　　　　　　　（単位:千円）

現　　　　　金	14,930	買　　掛　　金	10,000
当 座 預 金	37,000	借　　入　　金	30,000
普 通 預 金	5,000	資　　本　　金	70,000
貯　蔵　品	52		
建　　　　　物	12,000		
構　　築　　物	3,000		
車 両 運 搬 具	2,000		
備　　　　　品	5,000		
土　　　　　地	20,000		
ソフトウェア	500		

損益計算書　　　　　　　　（単位:千円）

仕　　　　　入	13,000	売　　　　　上	2,500
消 耗 品 費	18		

商品棚卸高11,200千円をこの損益計算書の仕入からマイナスし、貸借対照表に商品11,200千円として記載すると、以下のとおり。

貸方合計は変わっていない！

貸 借 対 照 表　　　　　（単位：千円）

現　　　　　金	14,930	買　　掛　　金		10,000
当　座　預　金	37,000	借　　入　　金		30,000
普　通　預　金	5,000	資　　本　　金		70,000
商　　　　　品	11,200			
貯　蔵　品	52			
建　　　　　物	12,000			
構　　築　　物	3,000			
車 両 運 搬 具	2,000			
備　　　　　品	5,000			
土　　　　　地	20,000			
ソフトウェア	500			

損 益 計 算 書　　　　　（単位：千円）

仕　　　　　入	1,800	売　　　　　上		2,500
消　耗　品　費	18			

このしくみを、例によって簡略化して説明しよう。

「待ってました！ ちょうど頭がこんがらがってきたところです」

商品の棚卸前

貸 借 対 照 表

商品	0

損 益 計 算 書

仕入	13,000

商品の棚卸後〜利益の計算のため

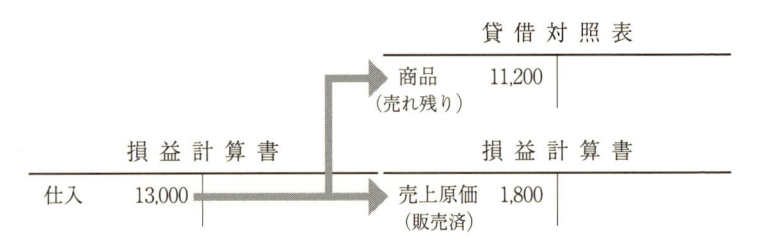

貸 借 対 照 表

商品 （売れ残り）	11,200

損 益 計 算 書

仕入	13,000

損 益 計 算 書

売上原価 （販売済）	1,800

この矢印のように計算するんだ。

現時点の利益の計算は、損益計算書の借方と貸方の差額682千円となる。

つまり、商品10,000千円を「掛け仕入れ」する前と変わらないんだ。この結果、貸借対照表と損益計算書は次のようにバランスさせることができる。

貸借対照表 (単位:千円)

借方		貸方	
現　　　　金	14,930	買　掛　金	10,000
当　座　預　金	37,000	借　入　金	30,000
普　通　預　金	5,000	資　本　金	70,000
商　　　　品	11,200	純　利　益	682
貯　蔵　品	52		
建　　　　物	12,000		
構　築　物	3,000		
車両運搬具	2,000		
備　　　　品	5,000		
土　　　　地	20,000		
ソフトウェア	500		
	110,682		110,682

損益計算書 (単位:千円)

借方		貸方	
売　上　原　価	1,800	売　　　上	2,500
消　耗　品　費	18		
純　利　益	682		
（先に計算する）	2,500		2,500

　利益計算時の損益計算書の「仕入」は、科目を「売上原価」に変更する。純利益（会計期末ではないので当期純利益としない）は、貸借対照表に移すよ。

　「その結果、貸借対照表は 110,682 千円でバランスするということですね？」

　そのとおり。商品 10,000 千円を掛け仕入れする前と変わったのは、貸借対照表の借方に商品 10,000 千円が、貸方に買掛金 10,000 千円が増加したことだ。
　つまり、「商品の棚卸」は大変だけれど、その手間さえかければ

「いつでも利益を計算できる」というのは、こういうことなんだ。

　「棚卸は、『売上原価』を出すためのものと考えていいんですか？」

　そういうこと。再度もとにもどり、取引を続けるよ。
　商品は0千円、仕入は13,000千円に数字をもどしていることを確認して。
　次はなじみがまったくないだろうが、仕入れた商品の代金を「**手形」で支払う場合**だ。

商品10,000千円を仕入れ
代金は手形を振り出して支払った

貸借対照表　　　　　　　　（単位：千円）

現　　　　　金	14,930	支　払　手　形		10,000
当　座　預　金	37,000	買　　掛　　金		10,000
普　通　預　金	5,000	借　　入　　金		30,000
貯　　蔵　　品	52	資　　本　　金		70,000
建　　　　　物	12,000			
構　　築　　物	3,000			
車　両　運　搬　具	2,000			
備　　　　　品	5,000			
土　　　　　地	20,000			
ソフトウェア	500			

損益計算書　　　　　　　　（単位：千円）

仕　　　　　入	23,000	売　　　　　上	2,500
消　耗　品　費	18		

商品を仕入れたため、損益計算書の仕入に 10,000 千円加算する。代金 10,000 千円は、手形を振り出したため、貸借対照表の貸方（負債）に支払手形として記載する。

手形については、あとでまとめて説明しよう。

「貸借対照表と損益計算書の借方合計は 122,500 千円、貸方合計は 122,500 千円で一致していますね」

さて、ここで先ほどの貸借対照表をじっと「見つめて」ごらん。いつの間にか借方の資産に「10 科目」、貸方の負債と純資産に「4 科目」が記載されている。

ひとつひとつ科目が増えるたびに説明をしてきたわけだけれど、できあがった現時点での貸借対照表はなかなか「難解なもの」に見えることだろうと思う。どうだい？

「じ、じつはそう思っていました！」

作成された貸借対照表というのは、もともと読み解くのが難しいものなんだ。この時点で不安を感じたら、1 時限目にもどって復習することをすすめる。

そう、あの簡略化された図表で、その原理原則を思い出すんだ。するとあら不思議、難しいと感じていたものも、簡単なものに見えてくるから。

たとえば、こんなふうに。

貸借対照表

資　産	負　債
	純資産（資本）

目線を離して見れば、複雑に見える図表も原理原則は何も変わっていないことに気づいてほしい。
貸借対照表の情報の読み方の基本は、いつでも以下のとおりだ。

「返済の必要な資金（負債）」と「返済のいらない資金（純資産）」の合計を調達資金という。この資金で「資産」を増加させた、と読む。

そもそも手形って、何？

手形の種類には2種類あって、約束手形と為替手形という。聞いたことないかい？

　　「はあ、知りません。時代劇に出てくるのは通行手形だし」

なかなかおもしろいこというなぁ。
約束手形とは、振出人（支払人）が受取人に対して、将来の一定の期日に所定の場所で一定の金額を支払うことを約束した証券のこと。
為替手形とは、振出人（手形作成者）が支払人に、受取人に対して、将来の一定の期日に所定の場所で一定の金額を支払うことを委託した証券だ。
為替手形は流通が少ないので、ここでは約束手形を前提に説明しよう。

約束手形の記載面

```
No._____      約 束 手 形

        仕入先（受取人）  殿     支払期日 平成××年 8月17日
収入                            支払地  東京都新宿区
    金額  ￥10,000,000※
印紙                            支払場所
                                N銀行高田馬場支店
上記金額をあなたまたはあなたの指図人へこの約束手形と引替えにお支払いいたします

    平成   年 月 日
    振出地
    住 所

    振出人  当社 印
```

支払期日は、取引相手との合意で決定する。

支払期日には、手形の金額が振出人の当座預金口座から引き落とされる。受取人は、支払期日以後に銀行に持参することで換金することができるというわけ。

手形の貸借対照表の表示
  手形の振出人（支払人）　→　支払手形
  手形の受取人　　　　　　→　受取手形

「手形って、あまり現実感がありません」

たしかにいまは実際に使用頻度が少なくなっているが、電子化される将来にはまた復活してくると見ているんだ。いわゆる「電子手形」だね。

「へぇー、そうなんですか」

～ちょっとひと息～
手形の印紙税の話～紙の手形がなくなる？

　10万円以上の手形には、収入印紙を貼る必要があります。小額ですが「塵も積もれば山となる」という例えがあるとおり、5年間など長期で計算すると大きな額となります。経費削減と騒がれている昨今、資金繰りが苦しい会社は、収入印紙代を節約するため手形の振出をやめたところもあります。

　また、紙の手形は、紛失や盗難の恐れがあるほか、保管に手間やコストがかかるという短所が指摘されています。

　今後は、手形などを電子化してインターネットでやりとりする「電子債権」取引になる予定です。「電子債権」取引は、全国銀行協会が設立する「電子債権記録機関」が2012年5月から予定しています。

　ただし、貸借対照表の表示は、「受取手形」（後述）、「支払手形」で変わりません。

さて、次は「小切手を振り出す」場合。

商品 15,000 千円を仕入れ
代金は小切手を振り出して支払った

貸 借 対 照 表　　　　　　　(単位:千円)

現　　　　金	14,930	支 払 手 形	10,000
当 座 預 金	22,000	買 掛 金	10,000
普 通 預 金	5,000	借 入 金	30,000
貯 蔵 品	52	資 本 金	70,000
建　　　　物	12,000		
構 築 物	3,000		
車 両 運 搬 具	2,000		
備　　　　品	5,000		
土　　　　地	20,000		
ソフトウェア	500		

損 益 計 算 書　　　　　　　(単位:千円)

仕　　　　入	38,000	売　　　　上	2,500
消 耗 品 費	18		

　商品を仕入れたため、損益計算書の仕入が 15,000 千円増加するよ。代金 15,000 千円は小切手で支払ったので、当座預金を 15,000 千円減少させることになる。

　　「貸借対照表と損益計算書の借方合計は 122,500 千円、貸方合計は 122,500 千円で一致しています」

続けてどんどんいこう。
販売代金が普通預金口座に振り込まれた場合だ。

第3時限 「株式会社の財務諸表」

商品を10,000千円で販売した
代金は普通預金口座へ振り込まれた

貸 借 対 照 表　　　　　　（単位：千円）

現　　　　　　金	14,930	支 払 手 形	10,000
当 座 預 金	22,000	買　掛　金	10,000
普 通 預 金	15,000	借　入　金	30,000
貯 蔵 品	52	資　本　金	70,000
建　　　　　　物	12,000		
構 築 物	3,000		
車 両 運 搬 具	2,000		
備　　　　　　品	5,000		
土　　　　　　地	20,000		
ソフトウェア	500		

損 益 計 算 書　　　　　　（単位：千円）

仕　　　　　　入	38,000	売　　　　上	12,500
消 耗 品 費	18		

商品10,000千円を販売したので、損益計算書の売上が10,000千円増加した。販売代金は普通預金口座に振り込まれたので、普通預金が10,000千円増加している。

「貸借対照表と損益計算書の借方合計は132,500千円、貸方合計は132,500千円で一致しています」

次は、販売代金を「約束手形で受け取った」場合。

商品を 12,500 千円で販売した
代金は約束手形で受け取った

貸借対照表　　　　　　　　　（単位:千円）

現　　　　　金	14,930	支　払　手　形	10,000
当　座　預　金	22,000	買　　掛　　金	10,000
普　通　預　金	15,000	借　　入　　金	30,000
受　取　手　形	12,500	資　　本　　金	70,000
貯　　蔵　　品	52		
建　　　　　物	12,000		
構　　築　　物	3,000		
車　両　運　搬　具	2,000		
備　　　　　品	5,000		
土　　　　　地	20,000		
ソフトウェア	500		

損益計算書　　　　　　　　　（単位:千円）

仕　　　　　入	38,000	売　　　　　上	25,000
消　耗　品　費	18		

　商品 12,500 千円を販売したので、損益計算書の売上が 12,500 千円増加する。販売代金は約束手形で受け取ったので、貸借対照表の借方に受取手形 12,500 千円を記載する。

　「貸借対照表と損益計算書の借方合計は 145,000 千円、貸方合計は 145,000 千円で一致しています」

受け取った約束手形には、次のように記載されている。
　支払期日が取引相手との合意で決定するのは、振り出す場合と同様だ。

第3時限 「株式会社の財務諸表」

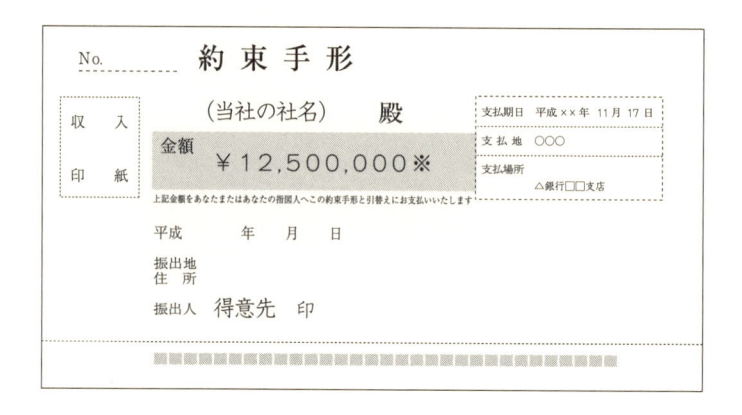

No.	約 束 手 形		
収入印紙	（当社の社名）　　殿	支払期日	平成××年 11月17日
	金額　￥12,500,000※	支払地	○○○
	上記金額をあなたまたはあなたの指図人へこの約束手形と引替えにお支払いいたします	支払場所 △銀行□□支店	

平成　　年　月　日
振出地
住　所
振出人　得意先　印

支払期日に記載された日以後に銀行で換金できることになる。

さて次は、**販売代金の受取方法が複数にわたる場合**だ。

商品を25,000千円で販売した
代金は15,000千円を小切手で受け取り
残額を掛けとした。小切手は当座預金口座へ入金した

貸 借 対 照 表　　　　　　（単位:千円）

現　　　　　金	14,930	支 払 手 形	10,000
当 座 預 金	37,000	買 掛 金	10,000
普 通 預 金	15,000	借 入 金	30,000
受 取 手 形	12,500	資 本 金	70,000
売 掛 金	10,000		
貯 蔵 品	52		
建　　　　　物	12,000		
構 築 物	3,000		
車 両 運 搬 具	2,000		
備　　　　　品	5,000		
土　　　　　地	20,000		
ソフトウェア	500		

損 益 計 算 書　　　　　　（単位:千円）

仕　　　　　入	38,000	売　　　　　上	50,000
消 耗 品 費	18		

　商品25,000千円を販売したので、損益計算書の売上が25,000千円増加する。販売代金のうち小切手で受け取った15,000千円は当座預金口座に入金したので、当座預金が15,000千円増加する。残額10,000千円を掛けとしたので、貸借対照表の借方に売掛金10,000千円を記載する。

　「貸借対照表と損益計算書の借方合計は170,000千円、貸方合計は170,000千円で一致しています」

売掛金というのは、商品代金に対する未収金のこと。しかしながら、「未収金」の科目で記載はしないよ。未払金のところで出てきたのと同じように、制度会計（金融商品取引法・財務諸表等規則という法律）の決まりにしたがって、次のように記載する。

商品取引で発生した未収金　　→　売掛金 とする
商品取引以外で発生した未収金　→　未収金 とする

●売掛金と資金繰り

　売掛金は、商品代金の未収金です。売掛金には一時的に資金を減少させるマイナスの効果が生じます。
　商品を現金で売り上げた場合と売掛金で売り上げた場合とを比較してみましょう。

　商品売上げ前の貸借対照表

貸　借　対　照　表	
現　　　金　　50,000	

※金額単位は、省略しています。また、金額はイメージづくりのための仮定です。

● **商品 20,000 を現金で売り上げた場合**
商品売上げ後の貸借対照表と損益計算書

貸借対照表	
現　　　金　　　70,000	

損益計算書	
	売　　　　上　　　20,000

現金 20,000 が増加して 70,000 になります。

● **商品 20,000 を売掛金で売り上げた場合**
商品売上げ後の貸借対照表と損益計算書

貸借対照表	
現　　　金　　　50,000	
売　掛　金　　　20,000	

損益計算書	
	売　　　　上　　　20,000

売掛金 20,000 が資産へ記載されます。しかし、現金は増加しません。

一時的に現金不足の状態になります。つまり、恒常的に資産に売掛金があると資金不足が生じるわけです。

次に、決算日までの買掛金・売掛金と手形の関係を見ていこう。

決算日までに支払った買掛金と支払手形

支払手形 10,000 千円（当座預金口座から引き落とし）
買掛金 3,000 千円（普通預金口座から支払い）

貸 借 対 照 表　　　　　　（単位：千円）

現　　　　　金	14,930	支 払 手 形　　　　　　0
当 座 預 金	27,000	買 　掛 　金　　　7,000
普 通 預 金	12,000	借 　入 　金　　 30,000
受 取 手 形	12,500	資 　本 　金　　 70,000
売 　掛 　金	10,000	
貯 　蔵 　品	52	
建　　　　　物	12,000	
構 　築 　物	3,000	
車 両 運 搬 具	2,000	
備　　　　　品	5,000	
土　　　　　地	20,000	
ソフトウェア	500	

（支払手形の右側）ゼロになったので、実際には記載されない！

損 益 計 算 書　　　　　　（単位：千円）

仕　　　　　入	38,000	売　　　　　上　　 50,000
消 耗 品 費	18	

　貸借対照表の当座預金 10,000 千円と普通預金 3,000 千円が減少し、支払手形 10,000 千円と買掛金 3,000 千円が減少した。支払手形は 0（ゼロ）になったため貸借対照表の記載を除いているよ。

　「貸借対照表と損益計算書の借方合計は 157,000 千円、貸方合計は 157,000 千円で一致しています」

決算日までに受け取った売掛金と受取手形

受取手形 12,500 千円(当座預金口座へ振り込み)

売掛金 5,000 千円(普通預金口座へ振り込み)

貸借対照表 (単位:千円)

現　　　　　金	14,930	買　掛　金　　7,000
当　座　預　金	39,500	借　入　金　　30,000
普　通　預　金	17,000	資　本　金　　70,000
受　取　手　形	0	
売　掛　金	5,000	
貯　蔵　品	52	
建　　　　　物	12,000	
構　築　物	3,000	
車　両　運　搬　具	2,000	
備　　　　　品	5,000	
土　　　　　地	20,000	
ソフトウェア	500	

→ ゼロになったので、実際には記載されない!

損益計算書 (単位:千円)

仕　　　　　入	38,000	売　　上　　50,000
消　耗　品　費	18	

貸借対照表の当座預金 12,500 千円と普通預金 5,000 千円が増加し、受取手形 12,500 千円と売掛金 5,000 千円が減少した。

「貸借対照表と損益計算書の借方合計は 157,000 千円、貸方合計は 157,000 千円で一致しています」

～ちょっとひと息～　売掛金と買掛金の管理

売掛金と買掛金は、取引先の数が増加すると厳格な管理を必要とします。売掛金は回収漏れを防止するため、買掛金は支払漏れを防止するためです。

売掛金は、取引先ごとに未回収額を記録する「得意先元帳」を記録します。

買掛金は、取引先ごとに未払額を記録する「仕入先元帳」を記録します。

売掛金5,000千円が複数の取引先に対する未回収額であれば、次のような得意先元帳を記録します。

得意先元帳　　　　　　　　　　（単位：千円）

得意先名	売上高	回収高	残高
××株式会社	6,000	3,000	3,000
○○株式会社	3,000	1,500	1,500
△△株式会社	1,000	500	500

買掛金2,000千円が複数の取引先に対する未払額であれば、次のような仕入先元帳を記録します。

仕入先元帳　　　　　　　　　　（単位：千円）

仕入先名	仕入高	支払高	残高
□□株式会社	3,000	2,000	1,000
◎◎株式会社	1,000	500	500
◇◇株式会社	1,000	500	500

得意先元帳の記録も仕入先元帳の記録も必須です。文房具屋さんには、ノート形式で販売されています。

決算日までに生じた費用

費用は必要なときに生じるわけだが、決算日にまとめて計上するよ。費用の種類は、業種によりいろいろあるけれど、ここでは「よくありそうな費用」について、その支払い方も併せながら説明していこう。

①固定資産税500千円を現金で支払った。

貸借対照表　　　　　　　（単位:千円）

現　　　　　金	14,430	買　掛　　金		7,000
当　座　預　金	39,500	借　入　　金		30,000
普　通　預　金	17,000	資　本　　金		70,000
売　掛　　　金	5,000			
貯　蔵　　品	52			
建　　　　　物	12,000			
構　築　　物	3,000			
車 両 運 搬 具	2,000			
備　　　　　品	5,000			
土　　　　　地	20,000			
ソフトウェア	500			

損益計算書　　　　　　　（単位:千円）

仕　　　　入	38,000	売　　　　上	50,000
消　耗　品　費	18		
租　税　公　課	500		

固定資産税500千円は、損益計算書に「租税公課」の科目で記載する。貸借対照表の現金は500千円減少するよ。

> 「貸借対照表と損益計算書の借方合計は157,000千円、貸方合計は157,000千円で一致しています」

第3時限 「株式会社の財務諸表」

> ●**租税公課とは？**
>
> 　租税公課とは、印紙税、固定資産税、自動車税、不動産取得税などの「租税」と商工会議所・同業者組合・商店会などの会費・組合費などの「公課」を併せた費用をいいます。
> 　ただし、法人税、住民税及び事業税（後述）は除かれます。

②広告宣伝費 1,200 千円を小切手を振り出して支払った。

貸 借 対 照 表　　　　　　　　　（単位：千円）

現		金	14,430	買　掛　金		7,000
当 座 預 金			38,300	借　入　金		30,000
普 通 預 金			17,000	資　本　金		70,000
売　掛　金			5,000			
貯　蔵　品			52			
建		物	12,000			
構　築　物			3,000			
車 両 運 搬 具			2,000			
備		品	5,000			
土		地	20,000			
ソフトウェア			500			

損 益 計 算 書　　　　　　　　　（単位：千円）

仕　　　入		38,000	売　　　上	50,000
消 耗 品 費		18		
租 税 公 課		500		
広 告 宣 伝 費		1,200		

　損益計算書の借方に広告宣伝費 1,200 千円が記載される。貸借対照表の当座預金は 1,200 千円減少する。

「貸借対照表と損益計算書の借方合計は157,000千円、貸方合計は157,000千円で一致しています」

●広告宣伝費とは？

広告宣伝費は、テレビ・コマーシャル、新聞広告などの高額なものから、新聞の折込みチラシなどさまざまな消費者に情報を伝える手段としての費用です。上場企業などの中には1,000億円近くかけている会社もあります。

参考 「経費で落とす？」

経費とは、損益計算書の「費用全般」をいいます。損益計算書に費用が多く計上されれば、税引前の利益が少なくなり、結果的に税金も少なくなります。いわゆる節税効果ですね。

法人税等の税率を40％として計算してみましょう。

例1　売上1,000、費用（経費）600の場合

　　　売上1,000 − 費用600 = 利益400

　　　法人税等の金額　利益400 × 40% = 160

例2　売上1,000、費用（経費）800の場合

　　　売上1,000 − 費用800 = 利益200

　　　法人税等の金額　利益200 × 40% = 80

この例の場合、経費が200増えることで税金が半分になっています。「経費で落とす」ためには、税金の申告書に「支払ったという証明書」、つまり領収書を添付する必要があります。

ただし、会社の営業活動で必要とされないものは経費として税務上認められません。社長がゴルフをして領収書をもらっても、無制限に経費にはできないというわけです。

第3時限 「株式会社の財務諸表」

③委託運送会社から荷造発送費800千円の請求書が送付されてきた。代金は、翌期に支払う約束である。

貸借対照表 (単位:千円)

現	金	14,430	買 掛 金		7,000
当 座 預 金		38,300	未 払 金		800
普 通 預 金		17,000	借 入 金		30,000
売 掛 金		5,000	資 本 金		70,000
貯 蔵 品		52			
建 物		12,000			
構 築 物		3,000			
車 両 運 搬 具		2,000			
備 品		5,000			
土 地		20,000			
ソフトウェア		500			

損益計算書 (単位:千円)

仕 入	38,000	売	上	50,000
消 耗 品 費	18			
租 税 公 課	500			
広 告 宣 伝 費	1,200			
荷 造 発 送 費	800			

損益計算書の借方に荷造発送費800千円が記載される。代金は「翌期に支払う約束」なので、貸借対照表の負債に未払金が800千円記載されるんだ。

> 「貸借対照表と損益計算書の借方合計は157,800千円、貸方合計は157,800千円で一致しています」

④**従業員の給料手当 3,600 千円を普通預金口座から支払った。**

貸 借 対 照 表　　　　　　　（単位：千円）

現　　　　　金	14,430	買　掛　金	7,000
当 座 預 金	38,300	未 払 金	800
普 通 預 金	13,400	借 入 金	30,000
売　掛　金	5,000	資 本 金	70,000
貯 蔵 品	52		
建　　　　物	12,000		
構 築 物	3,000		
車 両 運 搬 具	2,000		
備　　　　品	5,000		
土　　　　地	20,000		
ソフトウェア	500		

損 益 計 算 書　　　　　　　（単位：千円）

仕　　　　入	38,000	売　　　上	50,000
消 耗 品 費	18		
租 税 公 課	500		
広 告 宣 伝 費	1,200		
荷 造 発 送 費	800		
給 料 手 当	3,600		

損益計算書の借方に給料手当 3,600 千円が記載される。貸借対照表の普通預金は 3,600 千円減少する。

　「貸借対照表と損益計算書の借方合計は 157,800 千円、貸方合計は 157,800 千円で一致しています」

⑤借入金の支払利息900千円を普通預金から支払った。

貸 借 対 照 表　　　　　（単位：千円）

現　　　　金	14,430	買　掛　金	7,000
当 座 預 金	38,300	未　払　金	800
普 通 預 金	12,500	借　入　金	30,000
売　掛　金	5,000	資　本　金	70,000
貯　蔵　品	52		
建　　　物	12,000		
構　築　物	3,000		
車 両 運 搬 具	2,000		
備　　　品	5,000		
土　　　地	20,000		
ソフトウェア	500		

損 益 計 算 書　　　　　（単位：千円）

仕　　　入	38,000	売　　　上	50,000
消 耗 品 費	18		
租 税 公 課	500		
広 告 宣 伝 費	1,200		
荷 造 発 送 費	800		
給 料 手 当	3,600		
支 払 利 息	900		

損益計算書の借方に支払利息900千円が記載される。貸借対照表の普通預金は900千円減少する。

「貸借対照表と損益計算書の借方合計は157,800千円、貸方合計は157,800千円で一致しています」

最後までよく忘れずに、計算を続けたね。感心だ。

「もう、すっかりクセになりましたから、大丈夫です」

よし、今日はここまで。
明日は、1年に1度の決算で行う主な処理を体験してもらう。

「今日の復習はないんですかぁ？」

決算を行うということは、ここまで理解したことを総動員してかからなければならない。
つまり、それが総復習になるんだよ。

「わかりました。明日もがんばりますので、よろしくお願いします」

三木君のひとりごと
……項目が増えてきて大変だけど、原理というか、しくみは同じで、しかも繰り返し出てくるから、さすがのボクでも慣れてきた気がする。商品を仕入れ、売り、利益を出しながら会社を経営するっていう気分だけは何となくわかってきた感じ……。

第3時限 「株式会社の財務諸表」

> **参考　預金の金利**
>
> よく見かける最近の金利はこんな感じですね。
>
> 　　普通預金……年利率0.04％
> 　　定期預金……年利率1％程度（2年定期）
>
> さらに、利息から20％の税金が控除されますから、受取利息は微々たる数字になります。
> そこで、1年目の計算では、受取利息を無視して話を進めています。
>
> ちなみに12,500千円を1年間預け続けた場合を計算してみましょう。
>
> 　　12,500千円×0.04％＝5千円
>
> ここからさらに1千円（5千円×20％）が引かれて、受取利息は4千円……ふぅ〜。

第**4**時限

「決算処理をする」

コメント
決算の意味を知る

所要時間 30分

第4時限「決算処理をする」

今日は、決算で行う主な処理を理解しよう。
決算で行う処理のことを「決算整理」という。
この決算整理には、ふたつの目的があるんだ。

(1) 取引相手のいない科目の金額の修正(つまり、決算でしか行うことのできない金額の修正)
(2) 利益を計算し、損益計算書と貸借対照表を作成するための手続き

(2)はこれまでもやってきたから想像がつくと思うが、(1)で行う修正には以下の5つがある。
　　①有形固定資産の減価償却費の計算
　　②ソフトウェアの減価償却費の計算
　　③貸倒引当金の計上
　　④貯蔵品(消耗品)の棚卸高の計上
　　⑤商品の棚卸高(売れ残り)の計上

まずは、これを順番に見ていこう。

決算整理①
有形固定資産の減価償却費を計算する

建物の減価償却費	400千円	（30年）
構築物の減価償却費	200千円	（15年）
車両運搬具の減価償却費	400千円	（5年）
備品の減価償却費	1,000千円	（5年）

合計　2,000千円

貸 借 対 照 表　　　　　　（単位：千円）

現　　　　　金	14,430	買　掛　金		7,000
当 座 預 金	38,300	未　払　金		800
普 通 預 金	12,500	借　入　金		30,000
売　掛　金	5,000	資　本　金		70,000
貯　蔵　品	52			
建　　　　　物	11,600			
構　築　物	2,800			
車 両 運 搬 具	1,600			
備　　　　　品	4,000			
土　　　　　地	20,000			
ソフトウェア	500			

損 益 計 算 書　　　　　　（単位：千円）

仕　　　　　入	38,000	売　　　上	50,000
消 耗 品 費	18		
租 税 公 課	500		
広 告 宣 伝 費	1,200		
荷 造 発 送 費	800		
給 料 手 当	3,600		
支 払 利 息	900		
減価償却費	2,000		

損益計算書の借方に減価償却費2,000千円が記載される。貸借対照表の建物、構築物、車両運搬具、備品から減価償却費分が減少する。なお、土地は価値が減少しないので、減価償却費としては計上されないんだ。

減価償却費とは、有形固定資産の使用に伴う価値の減少分を計上する費用のことだ。

「貸借対照表と損益計算書の借方合計は157,800千円、貸方合計は157,800千円で一致しています」

●減価償却費の計算方法

減価償却費は、①取得原価、②耐用年数、③残存価額の3つの要素で計算します。

①取得原価は、購入価額です。

②耐用年数は、使用可能年数です。耐用年数は、固定資産の種類に応じて税法において定められています。

③残存価額は、使用可能年数経過後の売却価値です。税法では、備忘価額1円、つまり実質0（ゼロ）円です。

上記の3要素を用いた、定額法・定率法などの減価償却費の計算方法があります。

定額法の計算例：備品の減価償却費

備品の取得原価5,000千円、耐用年数5年、残存価額0千円

〈定額法の償却率〉

1 ÷ 5年 = 0.2

5,000千円 × 0.2 = 1,000千円

5,000千円 ÷ 5年 = 1,000千円

定率法の計算例：定額法の 250％を減価償却費として計算します。
〈定率法の償却率〉
  0.2 × 250％ ＝ 0.5
  5,000 千円 × 0.5 ＝ 2,500 千円

※税法上は、平成 19 年 3 月 31 日以前に取得したものの残存価額は取得原価の 10％、平成 19 年 4 月 1 日以後に取得したものの残存価額は実質 0（ゼロ）円と分けて規定しています。
 備品の取得が平成 19 年 3 月 31 日以前の場合の減価償却費
  （5,000 千円 － 500 千円〔10％〕）÷ 5 年 ＝ 900 千円

「あの、減価償却費というのがどうもぴんとこないんですが……」

では、もう少し具体的に見ていこうか。たとえば 100 万円の自動車（車両運搬具）を購入したとする。これをイメージ図で表してみよう。

自動車　100万円

100万円

　この自動車は、5年間使用可能であれば、耐用年数が5年ということになる。
　減価償却費は、100万円をこの5年間で配分して、少しずつ費用としたものなんだ。

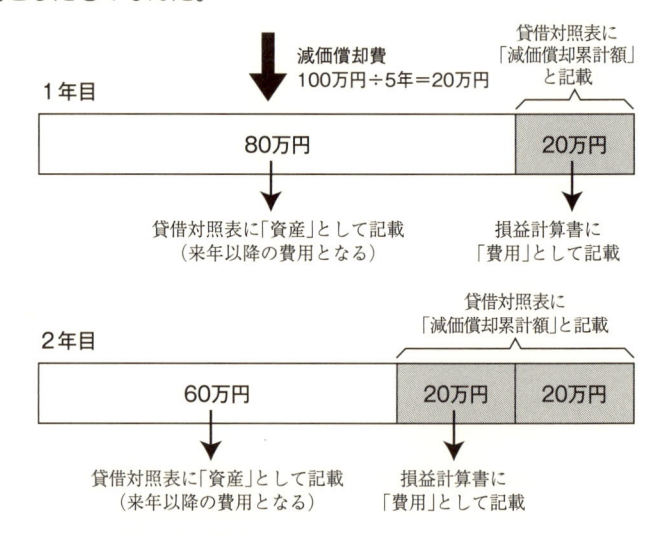

1年目

減価償却費
100万円÷5年＝20万円

貸借対照表に「減価償却累計額」と記載

80万円	20万円

貸借対照表に「資産」として記載
（来年以降の費用となる）

損益計算書に「費用」として記載

2年目

貸借対照表に「減価償却累計額」と記載

60万円	20万円	20万円

貸借対照表に「資産」として記載
（来年以降の費用となる）

損益計算書に「費用」として記載

　つまり、自動車も建物も備品も、購入したときは「資産」なんだが、時間の経過とともに「費用」になっていく資産ということ。
　このような資産を有形固定資産といい、有形固定資産を一部分費用としたものを減価償却費というんだ。わかるかな。

　「なかなか難しいものですね、減価償却費って」

　そうなんだ。これがほんとうに理解できれば、これより難しい科

目はないから安心だ。

ただし、有形固定資産のうち、土地のように物理的な価値が減少しないものは減価償却しないから、覚えておこう。

4年目

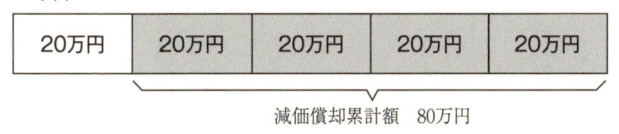

| 20万円 | 20万円 | 20万円 | 20万円 | 20万円 |

減価償却累計額　80万円

5年目

| 20万円 | 20万円 | 20万円 | 20万円 | 20万円 |

減価償却累計額　100万円

減価償却累計額は、価格の減少分の合計

取得時

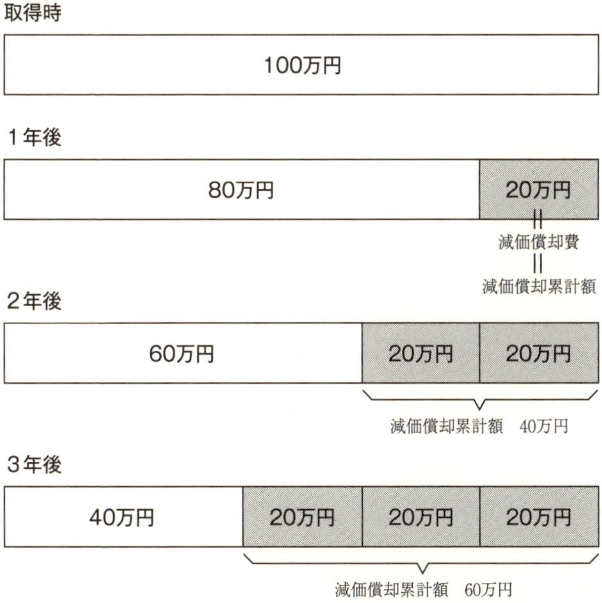

| 100万円 |

1年後

| 80万円 | 20万円 |

20万円 = 減価償却費 = 減価償却累計額

2年後

| 60万円 | 20万円 | 20万円 |

減価償却累計額　40万円

3年後

| 40万円 | 20万円 | 20万円 | 20万円 |

減価償却累計額　60万円

決算整理②
ソフトウェアの減価償却費を計算する

ソフトウェアの減価償却費　　　100千円

貸借対照表　　　　　　（単位：千円）

現　　　　　金	14,430	買　　掛　　金		7,000
当　座　預　金	38,300	未　　払　　金		800
普　通　預　金	12,500	借　　入　　金		30,000
売　　掛　　金	5,000	資　　本　　金		70,000
貯　　蔵　　品	52			
建　　　　　物	11,600			
構　　築　　物	2,800			
車　両　運　搬　具	1,600			
備　　　　　品	4,000			
土　　　　　地	20,000			
ソフトウェア	400			

損益計算書　　　　　　（単位：千円）

仕　　　　　入	38,000	売　　　　上	50,000
消　耗　品　費	18		
租　税　公　課	500		
広　告　宣　伝　費	1,200		
荷　造　発　送　費	800		
給　料　手　当	3,600		
支　払　利　息	900		
減　価　償　却　費	2,000		
ソフトウェア償却	100		

　損益計算書の借方に減価償却費100千円がソフトウェア償却として記載され、貸借対照表のソフトウェアから減価償却費分が減少する。
　減価償却は、無形固定資産についても実施されるんだ。

「貸借対照表と損益計算書の借方合計は 157,800 千円、貸方合計は 157,800 千円で一致しています」

決算整理③
貸倒引当金を計上する

貸倒引当金　　　100 千円

貸借対照表　　　　　　　　　　　（単位:千円）

現　　　　　金	14,430	買　掛　金	7,000
当　座　預　金	38,300	未　払　金	800
普　通　預　金	12,500	借　入　金	30,000
売　掛　金	5,000	貸倒引当金	100
貯　蔵　品	52	資　本　金	70,000
建　　　　　物	11,600		
構　築　物	2,800		
車両運搬具	1,600		
備　　　　　品	4,000		
土　　　　　地	20,000		
ソフトウェア	400		

損益計算書　　　　　　　　　　　（単位:千円）

仕　　　　　入	38,000	売　　　上	50,000
消　耗　品　費	18		
租　税　公　課	500		
広　告　宣　伝　費	1,200		
荷　造　発　送　費	800		
給　料　手　当	3,600		
支　払　利　息	900		
減　価　償　却　費	2,000		
貸倒引当金繰入	100		
ソフトウェア償却	100		

損益計算書の借方に貸倒引当金繰入 100 千円が記載され、貸借

対照表の貸方に同額の貸倒引当金100千円が記載される。

「貸借対照表と損益計算書の借方合計は157,900千円、貸方合計は157,900千円で一致しています」

●貸倒引当金とは？

貸倒引当金とは、受取手形、売掛金などの資産が将来回収不能（貸倒という）になる確率を見積もって損益計算書上の費用として計上するものです。

貸倒引当金は、将来に貸倒となるか、またはならないかは不明ですが「費用として計上する」ことが義務付けられているものです。このような点が、会計の難しいところかもしれません。

損益計算書の表示　→　「貸倒引当金繰入」の科目名
貸借対照表の表示　→　「貸倒引当金」の科目名

貸倒引当金は、会計慣行として長い歴史のある費用です。国際的な会計基準でも費用計上が強制されています。
税法上では、過去３年間の貸倒実績率を見積もって計算することとしています。

貸倒引当金の計算例
「スーパー三木」は過去の実績がないので将来の貸倒見積額を売掛金の２％と予想しました。
　　5,000千円×２％＝100千円

「えっと、貸借対照表に記載された貸倒引当金は、どのように読めばいいんでしょうか？」

　財務諸表を作成する目的は、利害関係者に会社の状況を数値化して報告することにある。その情報のひとつに、売掛金があるんだけど、これは売上に対する「未収金」ということだから、とても重要な情報だといえるよね。
　でも、この売掛金は将来、すべて回収できるとは限らないことに着目してほしい。
　会計慣行は、売掛金について次のように記載することを定めている。

> **回収できる可能性のある金額のみを貸借対照表に計上する。**

　売掛金のうち「回収できないかもしれない金額」を、貸倒引当金として記載するわけなんだ。

「そういうことですか。よくわかりました」

　念のため、また簡略化した図表で確認してみよう。

第4時限 「決算処理をする」

貸倒引当金を借方に記載しない貸借対照表

(単位：千円)

売　掛　金	5,000	貸倒引当金	100

貸倒引当金を借方に記載した貸借対照表

(単位：千円)

売　掛　金	5,000
貸倒引当金	△100

→セットで読む。

回収できるかもしれない売掛金は 4,900 千円

と読めばいいんだね。

> **～ちょっとひと息～　売掛金と得意先**
>
> 　会社が大きくなるのに比例して、得意先も増加します。得意先は「優良な会社」から「危ない会社」まで多数が存在します。
> 　売掛金をすべて無事に回収するのは、なかなか難しいものなのです。

決算整理④
貯蔵品（消耗品）の棚卸高を計上する

貯蔵品（消耗品）の棚卸高　　　10千円

貸借対照表　　　　　　　　　　（単位：千円）

現　　　　　金	14,430	買　　掛　　金	7,000
当　座　預　金	38,300	未　　払　　金	800
普　通　預　金	12,500	借　　入　　金	30,000
売　　掛　　金	5,000	貸 倒 引 当 金	100
貯　　蔵　　品	10	資　　本　　金	70,000
建　　　　　物	11,600		
構　　築　　物	2,800		
車 両 運 搬 具	1,600		
備　　　　　品	4,000		
土　　　　　地	20,000		
ソフトウェア	400		

損益計算書　　　　　　　　　　（単位：千円）

仕　　　　　入	38,000	売　　　　　上	50,000
消　耗　品　費	60		
租　税　公　課	500		
広 告 宣 伝 費	1,200		
荷 造 発 送 費	800		
給　料　手　当	3,600		
支　払　利　息	900		
減 価 償 却 費	2,000		
貸倒引当金繰入	100		
ソフトウェア償却	100		

　貸借対照表の貯蔵品は10千円に減少する。これによって貯蔵品の消費額が42千円（52千円－10千円）になるよ。この消費額42千円を損益計算書の消耗品費に加算すると、消耗品費は60千円になる。

第4時限 「決算処理をする」

「はい。で、貸借対照表と損益計算書の借方合計は157,900千円、貸方合計は157,900千円で一致しています」

決算整理⑤
商品の棚卸高（売れ残り）を計上する

商品の棚卸高　　　2,000千円

貸 借 対 照 表　　　　　　　　　　（単位:千円）

現　　　　　金	14,430	買　　掛　　金			7,000
当 座 預 金	38,300	未　　払　　金			800
普 通 預 金	12,500	借　　入　　金			30,000
売　　掛　　金	5,000	貸 倒 引 当 金			100
商　　　　　品	2,000	資　　本　　金			70,000
貯　　蔵　　品	10				
建　　　　　物	11,600				
構　　築　　物	2,800				
車 両 運 搬 具	1,600				
備　　　　　品	4,000				
土　　　　　地	20,000				
ソフトウェア	400				

損 益 計 算 書　　　　　　　　　　（単位:千円）

売 上 原 価	36,000	売	上	50,000
消 耗 品 費	60			
租 税 公 課	500			
広 告 宣 伝 費	1,200			
荷 造 発 送 費	800			
給 料 手 当	3,600			
支 払 利 息	900			
減 価 償 却 費	2,000			
貸倒引当金繰入	100			
ソフトウェア償却	100			

貸借対照表の資産に商品の棚卸高2,000千円が記載され、損益計算書の仕入から商品の棚卸高2,000千円をマイナスする。これによって損益計算書の仕入36,000千円は、売上原価36,000千円になったというわけ。

　「売上原価という言葉の『売上』も『原価』もふつうの言葉なので、かえってそれが邪魔になってしまって、まだほんとうに理解できていない気がします」

　売上原価に関しては、後日また復習が必要になるかもしれないね。
　さて、今日はこれでおしまいだ。明日は、スーパー三木の1年目の成績表をつくってみよう。はたしてどんな結果となるだろうかね。

三木君のひとりごと
……売上原価がわかれば、B/SもP/Lも理解できそうな気がする。明日は、スーパー三木が儲かっているかどうかがわかるらしい。ちょっと楽しみだな……。

～ちょっとひと息～　商品の管理と棚卸について

　商品は、仕入、売上の都度、帳簿に在庫数と金額を記録すると棚卸の手間が省けます。しかしながら、実際の売れ残りは、帳簿の記録と一致するとはかぎりません。その理由は、期中の記録に残らない破損による処分、盗難などにより減少することもあるからです。

　実際に存在しない商品を貸借対照表に表示することはできませんから、やはり「実際に棚卸」（実地棚卸という）をする必要があります。

　帳簿記録上の残高と実地棚卸残高の相違が生じたとき、原因を調査して翌期に相違を生じさせない努力をする活動を「管理活動」といいます。実地棚卸は、コスト削減には欠かせない行為であるといえます。

　ときどき昼間の営業時間にもかかわらず、シャッターを半分まで下ろしているお店があります。その場合、決まってシャッターには、「本日、棚卸につき休業します」という貼紙がしてあります。

　また、デパートなど年中無休の大規模小売店では、決算日の営業時間終了後、棚卸をしている会社もあります。翌日に売れてしまうと決算日と異なる商品残高になるので決算日に行う必要があるからです。

第 **5** 時限

「1年目の
決算報告書をつくる」

コメント

財務諸表の全体の理解（キャッシュ・フロー計算書は読み飛ばしOK）

所要時間20分

第5時限 「1年目の決算報告書をつくる」

今日は、スーパー三木設立1年目の貸借対照表、損益計算書を作成してみよう。

「決算書をつくるということですか？」

そう、もうキミにはその力がついているはずだ。
作成は、損益計算書、貸借対照表の順で行うことにするよ。

「ちょっと待ってください。これまでと順番が逆じゃないですか？」

よく気がついたね。でも、この順で行うには訳があるんだ。実際につくりながら説明していこう。

①損益計算書の作成

損益計算書 (単位:千円)

売 上 原 価	36,000	売　　　　上　　50,000
消 耗 品 費	60	
租 税 公 課	500	
広 告 宣 伝 費	1,200	
荷 造 発 送 費	800	
給 料 手 当	3,600	
支 払 利 息	900	
減 価 償 却 費	2,000	
貸倒引当金繰入	100	
ソフトウェア償却	100	
税引前当期純利益	4,740	

損益計算書の借方（費用）と貸方（収益）の差額4,740千円が当期純利益となることはいいかい？

「はい、大丈夫です」

ここで計算された当期純利益4,740千円に法人税、住民税及び事業税が課税される。したがって、当期純利益4,740千円は、正確には「税引前当期純利益」ということになる。
　法人税、住民税及び事業税の税率は、税引前当期純利益の約40％程度なので、ここでは1,740千円としておこうか。この結果、左ページの損益計算書は、次のようになる。

損 益 計 算 書　　　　　（単位:千円）

売 上 原 価	36,000	売　　　　上	50,000
消 耗 品 費	60		
租 税 公 課	500		
広 告 宣 伝 費	1,200		
荷 造 発 送 費	800		
給 料 手 当	3,600		
支 払 利 息	900		
減 価 償 却 費	2,000		
貸倒引当金繰入	100		
ソフトウェア償却	100		
法人税、住民税及び事業税	1,740		
当 期 純 利 益	3,000		
	50,000		50,000

貸 借 対 照 表　　　　（単位：千円）

借方		貸方	
現　　　　　金	14,430	買　掛　金	7,000
当　座　預　金	38,300	未　払　金	800
普　通　預　金	12,500	未払法人税等	1,740
売　掛　金	5,000	借　入　金	30,000
商　　　　品	2,000	貸倒引当金	100
貯　蔵　品	10	資　本　金	70,000
建　　　　物	11,600		
構　築　物	2,800		
車両運搬具	1,600		
備　　　　品	4,000		
土　　　　地	20,000		
ソフトウェア	400		

　損益計算書の借方に法人税、住民税及び事業税1,740千円が記載され、税引前当期純利益との差額が当期純利益3,000千円と計算される。

　貸借対照表の負債には、損益計算書に記載された法人税、住民税及び事業税1,740千円と同額の未払法人税等1,740千円が記載される。

　貸借対照表に記載するときは、「未払法人税、住民税及び事業税」ではなく、「未払法人税等」の科目を使用するんだ。

●法人税、住民税及び事業税について

　法人税、住民税及び事業税は、決算日の翌日から2か月以内に行われる確定申告により納付されます。ただし、事業年度が6か月を超える会社については、期首から6か月を経過した日から2か月以内に中間申告（納付）を行い、一定の税額を前払いし、確定申告において残額を納付します。

「法人税とか住民税とか事業税というのは、どういう違いがあるんですか？　前にも一度出てきましたけど、まだよくわかりません」

　法人税は「国が課す税金」で、国税だ。会社は、法的な手続きで人格が誕生するので「法律がつくった人」、つまり法人というんだよ。その法人に課せられた税金が、法人税だ。
　住民税は法律がつくった「人」にも課せられる。住民税は各都道府県・市区町村が課すので、地方税だね。
　それから、都道府県が事業を行う者に課す税金が、事業税だ。会社が各種の施設を利用し、いろいろな行政サービスの提供を受けることから、そのために必要な経費を分担すべきという考え方に基づいた税金といえる。
「法人税、住民税及び事業税」は、会計上「費用」としてまとめて損益計算書に、次のように記載するんだ。

損 益 計 算 書

⋮	⋮
⋮	⋮
税引前当期純利益	4,740
法人税、住民税及び事業税	1,740
当期純利益	3,000

①売上総利益まで

売上高から売上原価をマイナスして「売上総利益」を示す。

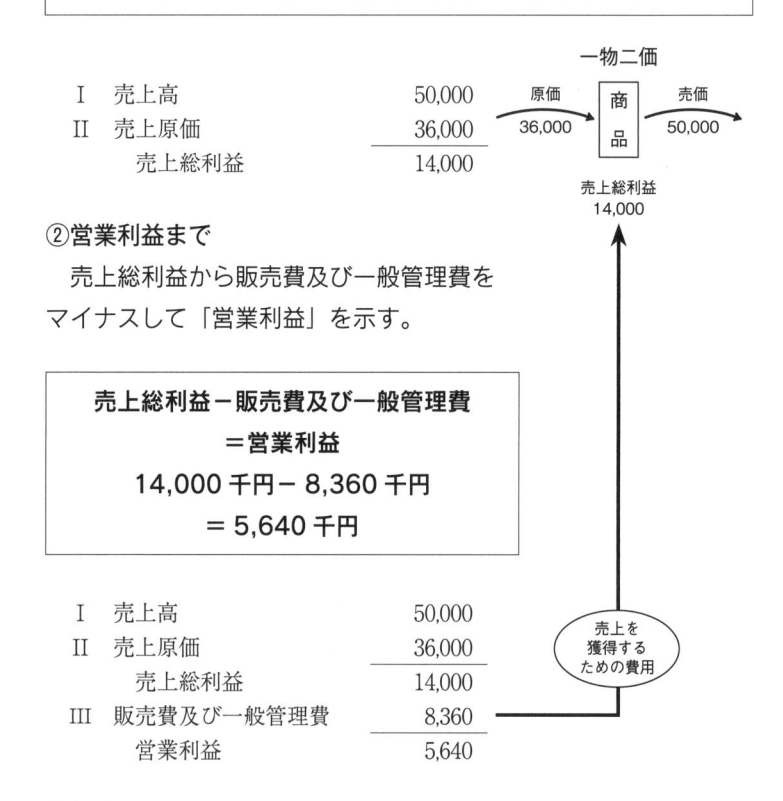

> **売上高－売上原価＝売上総利益**
> **50,000 千円－36,000 千円＝14,000 千円**

Ⅰ 売上高	50,000	
Ⅱ 売上原価	36,000	
売上総利益	14,000	

一物二価

原価 36,000 → 商品 → 売価 50,000

売上総利益 14,000

②営業利益まで

売上総利益から販売費及び一般管理費をマイナスして「営業利益」を示す。

> **売上総利益－販売費及び一般管理費**
> **＝営業利益**
> **14,000 千円－8,360 千円**
> **＝5,640 千円**

Ⅰ 売上高	50,000
Ⅱ 売上原価	36,000
売上総利益	14,000
Ⅲ 販売費及び一般管理費	8,360
営業利益	5,640

売上を獲得するための費用

③経常利益まで

営業利益に売上以外の収益たる営業外収益をプラスし、売上高を獲得するために直接かかる費用ではない営業外費用をマイナスして「経常利益」を示す。

> **営業利益＋営業外収益－営業外費用＝経常利益**
> 5,640 千円＋ 0 千円－ 900 千円＝ 4,740 千円

④税引前当期純利益まで

　経常利益に臨時損益（めったに発生することのない損益）である特別利益と特別損失をプラス・マイナスして「税引前当期純利益」を示す。

> **経常利益＋特別利益－特別損失＝税引前当期純利益**
> 4,740 千円＋ 0 千円－ 0 千円＝ 4,740 千円

⑤当期純利益まで

　税引前当期純利益から法人税、住民税及び事業税をマイナスして「当期純利益」を示す。

> **税引前当期純利益－法人税、住民税及び事業税＝当期純利益**
> 4,740 千円－ 1,740 千円＝ 3,000 千円

　これを、第2時限目の後半で示した法律に準拠した損益計算書に書き換えてみよう。

第5時限 「1年目の決算報告書をつくる」

損 益 計 算 書　　　　（単位：千円）
自平成×1年4月1日至平成×2年3月31日

I	売上高		50,000
II	売上原価		
	期首商品棚卸高	0	
	当期商品仕入高	38,000	
	合　計	38,000	
	期末商品棚卸高	2,000	36,000
	売上総利益		14,000
III	販売費及び一般管理費		
	給料手当	3,600	
	広告宣伝費	1,200	
	荷造発送費	800	
	租税公課	500	
	消耗品費	60	
	貸倒引当金繰入	100	
	減価償却費	2,000	
	ソフトウェア償却	100	8,360
	営業利益		5,640
IV	営業外収益		0
V	営業外費用		
	支払利息	900	900
	経常利益		4,740
VI	特別利益		0
VII	特別損失		0
	税引前当期純利益		4,740
	法人税、住民税及び事業税		1,740
	当期純利益		3,000

　損益計算書の費用のうち、売上高を獲得するために必要とされる費用は、「売上原価」と「販売費及び一般管理費」だ。

②貸借対照表の作成

貸 借 対 照 表　　　　　　　（単位：千円）

流動資産 {	現　　　　金	14,430	買　掛　金	7,000	} 流動負債
	当 座 預 金	38,300	未　払　金	800	
	普 通 預 金	12,500	未払法人税等	1,740	
	売 掛 金	5,000	借　入　金	30,000	} 固定負債
	商　　　　品	2,000	貸倒引当金	100	
	貯　蔵　品	10	資　本　金	70,000	} 純資産
固定資産 {	建　　　　物	11,600	繰越利益剰余金	3,000	
	構　築　物	2,800			
	車両運搬具	1,600			
	備　　　　品	4,000			
	土　　　　地	20,000			
	ソフトウェア	400			
		112,640		112,640	

これも第2時限の後半で示した貸借対照表に書き換えてみよう。

貸借対照表
平成×2年3月31日現在　　　　　（単位：千円）

資　産　の　部		負　債　の　部	
【流動資産】		【流動負債】	
現金及び預金	65,230	買　掛　金	7,000
売　掛　金	5,000	未　払　金	800
貸倒引当金	△100	未払法人税等	1,740
商　　品	2,000	【固定負債】	
貯　蔵　品	10	長期借入金	30,000
【固定資産】		純　資　産　の　部	
建　　物	12,000	資　本　金	70,000
構　築　物	3,000	利益剰余金	
車両運搬具	2,000	繰越利益剰余金	3,000
備　　品	5,000		
減価償却累計額	△2,000		
土　　地	20,000		
ソフトウェア	400		
資産合計	112,540	負債純資産合計	112,540

　損益計算書で計算した当期純利益3,000千円は、株式会社の貸借対照表上は「繰越利益剰余金」の科目で記載する。繰越利益剰余金（当期純利益）を記載することで貸借対照表はバランスするんだね。

　「うわぁ、すごいことになってきました」

　原理・原則は、1時限目の個人商店と同様だよ。最初は「やさしい」と感じても科目が増えると「難しい」と感じるもの。私でさえ、

左ページの貸借対照表を見ただけでは、どのような取引の結果でこれが作成されたのかは推測の域を超えているんだよ。

「そうなんですか！　こういう表は、自分でつくるとわかるけど、人がつくったものを読むのは大変なんですね。安心しました」

うん。でもこの時点でまた、再度1時限目の内容を振り返ってみることをすすめるよ。

さて、繰越利益剰余金（当期純利益）3,000千円に相当する金額は、何らかの資産が3,000千円増加していることになる。資産は、現金が他の資産にかわるなど、常に科目が変更されるので、繰越利益剰余金（当期純利益）3,000千円に相当する資産を特定することはできない。でも、資産総額は3,000千円増加しているはずだ。

「えっと……」

株式会社では、繰越利益剰余金（当期純利益）が出資した株主への配当金の財源になる。配当金は、株主総会決議により最終決定して株主へ支払われることになるんだ。

「あの、また例の簡略化した図表で説明してもらえるとありがたいんですけど」

了解。じゃあ、つくってみようか。

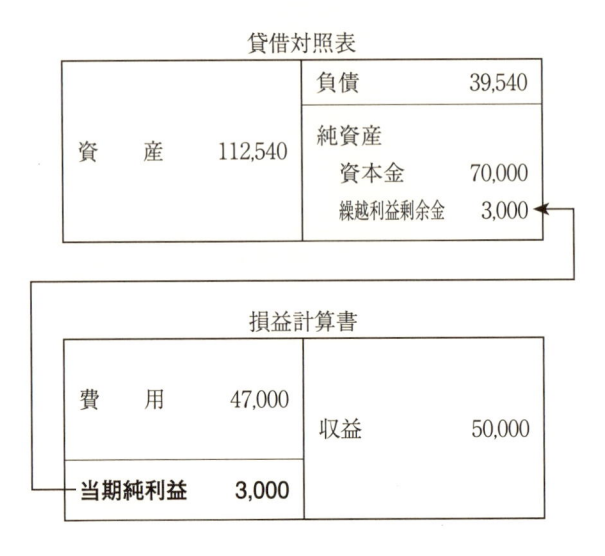

第5時限 「1年目の決算報告書をつくる」

貸借対照表

資　　産　　112,540	負債　　　　　　39,540
	純資産
	資本金　　　　70,000
	繰越利益剰余金　3,000 ←

損益計算書

| 費　　用　　47,000 | 収益　　　　　　50,000 |
| **当期純利益　3,000** | |

株式会社では、損益計算書の当期純利益は貸借対照表に「繰越利益剰余金」と記載される。

さらに整理すると、こうなるよ。

貸借対照表

| 資　　産　　112,540 | 負債　　　　39,540 ｝返済必要 |
| | 純資産　　　73,000 ｝返済不要 |

｝資金調達

資産を取得

株式会社でも、当期純利益が増加すれば、その分だけ返済不要な資金が増加するわけだ。

●貸借対照表の作成上の留意点

1. 現金、普通預金、当座預金は、「現金及び預金」とまとめて記載します。
2. 貸倒引当金は、負債ではなく「売掛金や受取手形から直接マイナス」します。
3. 有形固定資産の減価償却費は、「減価償却累計額」として建物、構築物、車両運搬具、備品から直接マイナスします。これにより、建物、構築物、車両運搬具、備品は、取得時の金額が記載されることになります。無形固定資産のソフトウェアは「減価償却累計額」を使用しません。
4. 借入金のうち、返済日が決算日の翌日から1年を超えるものは「長期借入金」として記載します。
5. 株式会社の資本金、繰越利益剰余金（当期純利益）は、「純資産の部」に記載します。
6. 繰越利益剰余金は、利益剰余金の一項目として記載します。

キャッシュ・フロー計算書を作成してみよう

キャッシュ・フロー計算書とは？

　キャッシュ・フロー計算書は、一会計期間におけるキャッシュ・フローの状況を一定の活動区分別に表示するもので、貸借対照表及び損益計算書と同様に、企業活動全体を対象とする重要な情報を提供するものだ。

　わが国では、資金情報を開示する資金収支表（資金繰り表）は、財務諸表以外の情報として位置付けられてきたんだけど、これに代

えて平成11年度からキャッシュ・フロー計算書を財務諸表のひとつとして位置付けることになったということなんだ。

今は国際的にも、キャッシュ・フロー計算書は財務諸表のひとつとして位置付けられているよ。

キャッシュ・フロー計算書の必要性

損益計算書は、現金の収入がなくても売上が計上され、現金の支出がなくても費用が計上される。この点に関しては、買掛金と売掛金の管理のところで説明したとおりだ。

したがって、損益計算書の最終値である当期純利益は、資金の裏付けがなく、すべてが配当や負債の返済などに充てられる保証がないことになる。つまり、売掛金の回収がなく資金（現金・当座預金・普通預金）がなくても、配当される危険があるわけだ。

すると会社は、利益が計上されていても資金不足が生じ、いわゆる「黒字倒産」の可能性も出てくる。キャッシュ・フロー計算書は、損益計算書で公表される情報を補完する意義があり、どうしても作成の必要があるんだね。

キャッシュ・フロー計算書の様式

キャッシュ・フロー計算書 自平成×1年4月1日至平成×2年3月31日（単位：千円）	
Ⅰ 営業活動によるキャッシュ・フロー	×××
Ⅱ 投資活動によるキャッシュ・フロー	×××
Ⅲ 財務活動によるキャッシュ・フロー	×××
Ⅳ 現金及び現金同等物の増加額	×××
Ⅴ 現金及び現金同等物の期首残高	×××
Ⅵ 現金及び現金同等物の期末残高	×××

キャッシュ・フロー計算書の資金の範囲

現　金	通貨と当座預金、普通預金及通知預金など預金者が一定の期間を経ることなく引き出すことができる預金（要求払預金）です。キャッシュ・フロー計算書上は、預金も現金として扱います。
現金同等物	容易に換金することが可能であり、満期日までの期間が3か月以内の定期預金などが含まれます。

現金同等物に何を含めるかは、各会社の資金管理の範囲が異なるので、経営者の判断に委ねられるよ。

キャッシュ・フロー計算書の作成

キャッシュ・フロー計算書 自平成×1年4月1日至平成×2年3月31日（単位：千円）	
Ⅰ　営業活動によるキャッシュ・フロー	8,630
Ⅱ　投資活動によるキャッシュ・フロー	－42,500
Ⅲ　財務活動によるキャッシュ・フロー	99,100
Ⅳ　現金及び現金同等物の増加額	65,230
Ⅴ　現金及び現金同等物の期首残高	0
Ⅵ　現金及び現金同等物の期末残高	65,230

キャッシュ・フロー計算書の末尾の「現金及び現金同等物の期末残高」は、貸借対照表の現金・当座預金・普通預金の合計、つまり現金及び預金 65,230 千円となる。

「現金及び現金同等物の期首残高」は、前期末の残高だから当社は0（ゼロ）だ。

第5時限 「1年目の決算報告書をつくる」

キャッシュ・フロー計算書から得られる情報

会社設立時の出資金は70,000千円、借入金が30,000千円、当期純利益が3,000千円だったね。したがって、会計期間末の資金は103,000千円あるはずだ。でも、会計期間末の資金は65,230千円と計算されている。

その理由は、資金が別の資産、特に有形固定資産に使用されたことが原因だ。

利益が計上されても資金の残高と比例しない事実を理解して、資金繰り計画を立てる必要があるということだね。

お金の計算

少し面倒だけれど、前にもどって金額を拾う方法以外ないんだ。

Ⅰ 営業活動によるキャッシュ・フロー	8,630
Ⅱ 投資活動によるキャッシュ・フロー	− 42,500
Ⅲ 財務活動によるキャッシュ・フロー	99,100

(1) **営業活動によるキャッシュ・フローに記載されるもの**

営業活動によるキャッシュ・フローに記載されるものは、①営業収入②商品の仕入れによる支出③人件費の支出④その他の営業支出の4項目で構成される。

①営業収入

営業収入は、現金・当座預金・普通預金の売上と売掛金、受取手形の回収額。

　　当座預金が増加した売上　2,500千円
　　普通預金が増加した売上　10,000千円
　　小切手を受け取り当座預金が増加した売上　15,000千円
　　受取手形を回収し当座預金が増加した金額　12,500千円

売掛金を回収し普通預金が増加した金額　5,000千円

　　上記合計　45,000千円（プラス）

②商品の仕入れによる支出

　商品の仕入れによる支出は、現金・当座預金・普通預金の仕入と買掛金、支払手形の支払額。

　　小切手の振り出しにより当座預金が減少した仕入　3,000千円

　　小切手の振り出しにより当座預金が減少した仕入　15,000千円

　　支払手形を振り出して当座預金が減少した金額　10,000千円

　　買掛金を支払って普通預金が減少した金額　3,000千円

　　上記合計　31,000千円（マイナス）

③人件費の支出

　人件費の支出は、他の営業支出と別に計算する。

　　給料を支払って普通預金が減少した金額　3,600千円（マイナス）

④その他の営業支出

　人件費以外の営業支出の合計。

　　事務用消耗品の購入のための現金支出　70千円

　　固定資産税の支払のための現金支出　500千円

　　広告宣伝費の支払による当座預金の減少　1,200千円

　　上記合計　1,770千円（マイナス）

①営業収入、②商品の仕入れによる支出、③人件費の支出、④その他の営業支出の合計

　45,000千円 − 31,000千円 − 3,600千円 − 1,770千円

　　　　　　　　　　　　　　　　＝ 8,630千円（プラス）

(2)**投資活動によるキャッシュ・フローに記載されるもの**

　投資活動によるキャッシュ・フローに記載されるものは、固定

第5時限 「1年目の決算報告書をつくる」

　　資産の取得による支出。
　　　建物 12,000 千円、構築物 3,000 千円、車両運搬具 2,000 千円、備品 5,000 千円、土地 20,000 千円の取得による現金支出 42,000 千円
　　　ソフトウェアの取得による現金支出　500 千円
　　　上記合計　42,500 千円（マイナス）

(3) **財務活動によるキャッシュ・フローに記載されるもの**
　　財務活動によるキャッシュ・フローに記載されるものは、株式発行による収入、借入金の借り入れによる収入、借入金の支払利息の支払による支出。
　　　株式発行による収入　70,000 千円
　　　借入金の借り入れによる収入　30,000 千円
　　　借入金の支払利息の支払による支出　900 千円
　　　上記合計　99,100 千円（プラス）

　「キャッシュ・フロー計算書って、貸借対照表や損益計算書にくらべて、いまひとつぴんとこないんですが……」

具体例と簡略図で説明しよう。
たとえば商品 1,000 円を現金で仕入れて、1,500 円で掛売上したとする。
　損益計算書の利益は、1,500 円 − 1,000 円 ＝ 500 円になるよね。
　キャッシュ・フロー計算書のキャッシュは、こうなる。

営業収入	0
仕入支出	△1,000
合計	△1,000

1,000円の現金が減ったわけだから、1,000円の資金不足が生じたことになる。

　「売上が上がっているのに、いまは現金がないっていうことですよね」

　そういうこと。だから、損益計算書で利益が計上されていても油断はできないということだね。金額によっては、この売掛金1,500円が回収できなければ、倒産の可能性さえあるんだよ。

　「現金商売が堅実っていわれるのは、こういうことをいっていたんですね」

　渋い言葉を知っているじゃないか。
　今日はここまでだ。明日は、株式会社の主な取引業務について説明しよう。

　「ありがとうございました」

三木君のひとりごと
……スーパー三木の1年目の成績は、ギリギリ利益があがったっていう感じかな。それにしても、キャッシュ・フロー計算書っていうのが超難しい！……。

第5時限 「1年目の決算報告書をつくる」

～ちょっとひと息～　数字のはなし④

数字の訂正

　簿記学校では、数字の書き方を教えるとき、行間の2分の1以下のスペースに書くよう指導しています。これにはきちんとした理由があるのです。

　それは、数字を訂正するときに、二重線で数字を消した後、その上部に書き直すためです。その際、間違った数字だけではなく、その一連の数字全体を訂正する必要があります。すなわち、数字を書き直す際には、1字訂正は認められていないというわけなのです。

$$
\begin{array}{r}
& 2 \\
\times & 5{,}248 \\
\hline
& 5{,}228 \\
\bigcirc & \cancel{5{,}248} \\
\end{array}
$$

　このように、数字が1字違っているだけでも、その一連の数字全体を二重線で消すのだということを覚えておいてくださいね。

第6時限

「2年目の主な取引」を理解する

コメント
株式会社の構造がわかる

所要時間 40 分

第6時限「2年目の主な取引を理解する」

今日は、2年目の貸借対照表、損益計算書を作成してみよう。
前期末貸借対照表の各項目が**当期に繰り越されて開始されること**に注意。

それとは逆に、損益計算書は前期に利益計算された金額が貸借対照表の繰越利益剰余金3,000千円として記載され、**当期はフレッシュ・スタートとなる**。つまり、何もない状態からのスタートとなるわけ。

新株を発行し50,000千円の増資を行った
株主からの払込金50,000千円は当座預金に入金した
また、資本金とする金額は30,000千円とし、残り20,000千円は資本準備金とした

貸借対照表 (単位:千円)

現　　　　　金	14,430	買　　掛　　金	7,000
当　座　預　金	88,300	未　　払　　金	800
普　通　預　金	12,500	未払法人税等	1,740
売　　掛　　金	5,000	借　　入　　金	30,000
商　　　　　品	2,000	貸倒引当金	100
貯　　蔵　　品	10	減価償却累計額	2,000
建　　　　　物	12,000	資　　本　　金	100,000
構　　築　　物	3,000	資　本　準　備　金	20,000
車　両　運　搬　具	2,000	繰越利益剰余金	3,000
備　　　　　品	5,000		
土　　　　　地	20,000		
ソフトウェア	400		

※留意点：上記の貸借対照表では、減価償却累計額と貸倒引当金を直接資産からマイナスしないで、計算を容易にするため貸方

に記載している。

損 益 計 算 書　　　　　　　（単位：千円）

貸借対照表の当座預金が 50,000 千円増加し、資本金 30,000 千円が増加するとともに、資本準備金 20,000 千円が記載されるよ。

「はい、貸借対照表と損益計算書（0千円）の借方合計は164,640 千円、貸方合計は 164,640 千円で一致しています」

●資本準備金とは？

会社法新設以前から、法定準備金といわれるふたつの準備金があります。ひとつは資本準備金、もうひとつが利益準備金（後述）です。

資本準備金とは、株式会社が株式を発行しその払い込みを受けた金額のうち、資本金にしなかった額をいいます。その金額は、払い込みを受けた金額の2分の1まで計上できます。

●なぜ資本準備金を計上するのでしょうか？

資本準備金を計上した場合と、しない場合とを比較してみましょう。

資本準備金を計上した場合

貸借対照表　　　　　　　　（単位：千円）

現　　　金	14,430	買　掛　金	7,000
当 座 預 金	88,300	未　払　金	800
普 通 預 金	12,500	未払法人税等	1,740
売　掛　金	5,000	借　入　金	30,000
商　　　品	2,000	貸倒引当金	100
貯　蔵　品	10	減価償却累計額	2,000
建　　　物	12,000	**資　本　金**	**100,000**
構　築　物	3,000	**資本準備金**	**20,000**
車両運搬具	2,000	繰越利益剰余金	3,000
備　　　品	5,000		
土　　　地	20,000		
ソフトウェア	400		

資本準備金を計上しない場合

貸借対照表　　　　　　　　（単位：千円）

現　　　金	14,430	買　掛　金	7,000
当 座 預 金	88,300	未　払　金	800
普 通 預 金	12,500	未払法人税等	1,740
売　掛　金	5,000	借　入　金	30,000
商　　　品	2,000	貸倒引当金	100
貯　蔵　品	10	減価償却累計額	2,000
建　　　物	12,000	**資　本　金**	**120,000**
構　築　物	3,000	**資本準備金**	**0**
車両運搬具	2,000	繰越利益剰余金	3,000
備　　　品	5,000		
土　　　地	20,000		
ソフトウェア	400		

資本準備金は、いったん積み立てられると配当ができなくなるため、会社の財政基盤を確保し会社に資金を貸し付けている銀行や買掛金を持つ債権者を保護するために、積み立てが義務付けられています。
　※債権者を保護するとは、会社が株主に対する配当を優先して債権者への返済が後回しにならないよう保護する、という意味です。

　しかし、資本金も配当はできませんから、資本準備金を積み立てることの意味に疑問が生じます。
　これを理解するためには、会社法の前の商法の歴史的変遷を知る必要があります。

昭和56年商法改正以前の資本準備金の積み立て規制

　当時の株式には、額面が記載されていました。多くの会社の株式は額面50円でした。しかし、上場会社では、額面とは無関係に市場の需要と供給で均衡している株価で株が売買されていました。

　額面50円、株価800円の会社が1株増資をした例で貸借対照表を作成してみましょう。

当時の商法規定（現在の会社法も）の原則

貸借対照表　　　　　　　　　　　（単位：円）

現　　金	800	資　本　金	800
		資本準備金	0

　原則は、株価800円が払い込まれますので全額資本金とします。

当時の商法の容認規定（認めるという規定）

貸借対照表 　　　　　　（単位：円）

現　　　金	800	資　本　金	50
		資本準備金	750

　資本金は額面50円とし、資本準備金は株価との差額750円とすることができました。ここでは、資本準備金に意味があるわけです。資本準備金は額面と株価との差額を示し、株価の上昇分たるプレミアムを示せたことになります。

　昭和56年の商法改正により資本準備金は、払い込み額の2分の1までを限度とすることになり、その意義は失われたと考えられます。
　下記は、資本準備金を払い込み額の2分の1とした場合です。

貸借対照表 　　　　　　（単位：円）

現　　　金	800	資　本　金	400
		資本準備金	400

なぜ、こんな説明をしたか？
　歴史の古い会社の中には、昭和56年以前の処理のまま現在まで繰り越されて、**「資本金より、資本準備金のほうが大きい」**会社が多いからです。

不要な土地 10,000 千円を 12,000 千円で売却し
代金 12,000 千円は普通預金口座へ振り込まれた

貸借対照表　　　　　　　（単位:千円）

現　　　　　金	14,430	買　　掛　　金	7,000
当　座　預　金	88,300	未　　払　　金	800
普　通　預　金	24,500	未 払 法 人 税 等	1,740
売　　掛　　金	5,000	借　　入　　金	30,000
商　　　　　品	2,000	貸 倒 引 当 金	100
貯　　蔵　　品	10	減価償却累計額	2,000
建　　　　　物	12,000	資　　本　　金	100,000
構　　築　　物	3,000	資 本 準 備 金	20,000
車 両 運 搬 具	2,000	繰越利益剰余金	3,000
備　　　　　品	5,000		
土　　　　　地	10,000		
ソフトウェア	400		

損　益　計　算　書　　　　　　（単位:千円）

		土 地 売 却 益	2,000

　貸借対照表の普通預金が 12,000 千円増加し、土地が 10,000 千円減少している。

　損益計算書の貸方に土地売却益 2,000 千円が記載される。

　「はい、貸借対照表と損益計算書の借方合計は 166,640 千円、貸方合計は 166,640 千円で一致します」

本社兼店舗建設用の土地 30,000 千円を取得し小切手を振り出して支払った

貸借対照表			(単位:千円)
現　　　　金	14,430	買　掛　金	7,000
当 座 預 金	58,300	未　払　金	800
普 通 預 金	24,500	未払法人税等	1,740
売　掛　金	5,000	借　入　金	30,000
商　　　　品	2,000	貸倒引当金	100
貯　蔵　品	10	減価償却累計額	2,000
建　　　　物	12,000	資　本　金	100,000
構　築　物	3,000	資本準備金	20,000
車両運搬具	2,000	繰越利益剰余金	3,000
備　　　　品	5,000		
土　　　　地	40,000		
ソフトウェア	400		

損 益 計 算 書			(単位:千円)
		土 地 売 却 益	2,000

　貸借対照表の当座預金が 30,000 千円減少し、土地が 30,000 千円増加する。

　　「貸借対照表と損益計算書の借方合計は 166,640 千円、貸方合計は 166,640 千円で一致します」

新規に取得した土地に本社兼店舗の建設を開始した
建設会社との請負契約は 20,000 千円であるが
建設代金の一部 5,000 千円を小切手を振り出して支払った

貸借対照表 (単位:千円)

現　　　　金	14,430	買　掛　金	7,000
当 座 預 金	53,300	未　払　金	800
普 通 預 金	24,500	未払法人税等	1,740
売　掛　金	5,000	借　入　金	30,000
商　　　品	2,000	貸 倒 引 当 金	100
貯　蔵　品	10	減価償却累計額	2,000
建　　　物	12,000	資　本　金	100,000
構　築　物	3,000	資 本 準 備 金	20,000
車 両 運 搬 具	2,000	繰越利益剰余金	3,000
備　　　品	5,000		
土　　　地	40,000		
建 設 仮 勘 定	5,000		
ソフトウェア	400		

損 益 計 算 書 (単位:千円)

		土 地 売 却 益	2,000

　貸借対照表の当座預金が 5,000 千円減少し、建設仮勘定 5,000 千円が記載される。

　「貸借対照表と損益計算書の借方合計は 166,640 千円、貸方合計は 166,640 千円で一致します」

　建設仮勘定とは、建物等の有形固定資産の前渡金のこと。特に建物は工期が長く高額であることから、請負価額（契約価額）の一部を建設会社に前渡しすることが慣行となっているんだ。

第6時限 「2年目の主な取引を理解する」

有形固定資産の前渡金　→　建設仮勘定
商品代金の前渡金　　→　前渡金

未払金（運送会社の荷造発送費）800千円の支払い（当座預金口座から）
未払法人税等 1,740千円の支払い（普通預金口座から）

貸借対照表　　　　　　　（単位：千円）

現　　　　　金	14,430	買　　掛　　金	7,000
当　座　預　金	52,500	借　　入　　金	30,000
普　通　預　金	22,760	貸 倒 引 当 金	100
売　　掛　　金	5,000	減価償却累計額	2,000
商　　　　　品	2,000	資　　本　　金	100,000
貯　　蔵　　品	10	資 本 準 備 金	20,000
建　　　　　物	12,000	繰越利益剰余金	3,000
構　　築　　物	3,000		
車 両 運 搬 具	2,000		
備　　　　　品	5,000		
土　　　　　地	40,000		
建 設 仮 勘 定	5,000		
ソフトウェア	400		

損　益　計　算　書　　　　（単位：千円）

		土 地 売 却 益	2,000

　貸借対照表の当座預金800千円、普通預金1,740千円が減少し、負債の未払金と未払法人税等が0（ゼロ）千円になる。

　「貸借対照表と損益計算書の借方合計は164,100千円、貸方合計は164,100千円で一致します」

株価上昇による利益を得る目的で上場会社の株式 3,000 千円を取得した。代金は、当座預金口座から振り込んだ

貸借対照表　　　　　　　　（単位:千円）

現　　　　金	14,430	買　掛　金	7,000
当 座 預 金	49,500	借　入　金	30,000
普 通 預 金	22,760	貸 倒 引 当 金	100
売 掛 金	5,000	減価償却累計額	2,000
有 価 証 券	3,000	資　本　金	100,000
商　　　品	2,000	資 本 準 備 金	20,000
貯 蔵 品	10	繰越利益剰余金	3,000
建　　　物	12,000		
構　築　物	3,000		
車 両 運 搬 具	2,000		
備　　　品	5,000		
土　　　地	40,000		
建 設 仮 勘 定	5,000		
ソフトウェア	400		

損 益 計 算 書　　　　　　（単位:千円）

		土 地 売 却 益	2,000

貸借対照表の当座預金が 3,000 千円減少し、有価証券 3,000 千円が記載される。

「貸借対照表と損益計算書の借方合計は 164,100 千円、貸方合計は 164,100 千円で一致します」

●有価証券について

有価証券の範囲は、法律上（日常生活上）と会計上では相違します。

●法律上の有価証券

財産権を表す証券で、権利を行使したり、移転したりするには証券をもっていなければならないものをいい、手形・小切手・株券・社債券・国債券・船荷証券・倉庫証券などを法律上の有価証券といいます。乱暴な言い方をすれば「価値のある紙」が有価証券です。

●会計上の有価証券

財務諸表を作成するときに「有価証券」として記載するものをいい、「金融商品取引法第2条」に規定されています。

会計上の有価証券は、法律上の有価証券のうち株券・社債券・国債券をいいます。

会計上の有価証券は、基本的に決算日に時価で評価します。

普通預金 10,000 千円を定期預金（3 年定期）とした

貸 借 対 照 表　　　　　　　（単位：千円）

現　　　　　金	14,430	買　掛　金	7,000
当 座 預 金	49,500	借　入　金	30,000
普 通 預 金	12,760	貸 倒 引 当 金	100
定 期 預 金	10,000	減価償却累計額	2,000
売 掛 金	5,000	資　本　金	100,000
有 価 証 券	3,000	資本準備金	20,000
商　　　　　品	2,000	繰越利益剰余金	3,000
貯 蔵 品	10		
建　　　　　物	12,000		
構 築 物	3,000		
車 両 運 搬 具	2,000		
備　　　　　品	5,000		
土　　　　　地	40,000		
建 設 仮 勘 定	5,000		
ソフトウェア	400		

損 益 計 算 書　　　　　　　（単位：千円）

	土 地 売 却 益	2,000

貸借対照表の普通預金 10,000 千円が減少し、定期預金 10,000 千円が記載される。

「貸借対照表と損益計算書の借方合計は 164,100 千円、貸方合計は 164,100 千円で一致します」

第6時限 「2年目の主な取引を理解する」

事務用消耗品190千円を購入し、代金は現金で支払った

貸 借 対 照 表　　　　　　（単位：千円）

現　　　　　金	14,240	買　　掛　　金	7,000
当 座 預 金	49,500	借　　入　　金	30,000
普 通 預 金	12,760	貸 倒 引 当 金	100
定 期 預 金	10,000	減価償却累計額	2,000
売　　掛　　金	5,000	資　　本　　金	100,000
有 価 証 券	3,000	資 本 準 備 金	20,000
商　　　　　品	2,000	繰越利益剰余金	3,000
貯　　蔵　　品	200		
建　　　　　物	12,000		
構　　築　　物	3,000		
車 両 運 搬 具	2,000		
備　　　　　品	5,000		
土　　　　　地	40,000		
建 設 仮 勘 定	5,000		
ソフトウェア	400		

損 益 計 算 書　　　　　　（単位：千円）

	土 地 売 却 益	2,000

　貸借対照表の現金190千円が減少し、貯蔵品190千円が増加する。

　「貸借対照表と損益計算書の借方合計は164,100千円、貸方合計は164,100千円で一致します」

株主総会で前期の当期純利益（繰越利益剰余金）3,000千円のうち、以下の剰余金2,700千円の処分を行った

株主への配当金	2,000千円（普通預金から振込）
利益準備金の積立	200千円
別途積立金の積立	500千円

貸 借 対 照 表　　　　　　　　　（単位：千円）

現　　　　　金	14,240	買　掛　金	7,000
当 座 預 金	49,500	借　入　金	30,000
普 通 預 金	10,760	貸倒引当金	100
定 期 預 金	10,000	減価償却累計額	2,000
売 　掛　 金	5,000	資　本　金	100,000
有 価 証 券	3,000	資本準備金	20,000
商　　　　品	2,000	利益準備金	200
貯 　蔵 　品	200	別途積立金	500
建　　　　物	12,000	繰越利益剰余金	300
構 　築 　物	3,000		
車 両 運 搬 具	2,000		
備　　　　品	5,000		
土　　　　地	40,000		
建 設 仮 勘 定	5,000		
ソフトウェア	400		

損 益 計 算 書　　　　　　　　　（単位：千円）

	土地売却益　　2,000

貸借対照表の普通預金2,000千円が減少し、貸方の繰越利益剰余金2,700千円が減少し、利益準備金200千円、別途積立金500千円が記載される。

「貸借対照表と損益計算書の借方合計は162,100千円、貸方合計は162,100千円で一致します」

●株主総会と剰余金の処分

　株式会社は、会社の出資者である株主に受託された財産に対する説明責任があります。その説明の場が株主総会です。

　説明するための参考資料が、株主に提供される貸借対照表、損益計算書などの計算書類です。

　剰余金の処分とは、利益が計上された場合の株主への配当金の支払いと利益準備金、別途積立金などの積み立てをいいます。

　利益準備金は、会社法の規定により資本準備金と併せて資本金の4分の1に達するまで積み立てが強制されています。その積立額は、株主へ配当をする都度、配当金の10分の1の金額です。

　別途積立金は、繰越利益剰余金のうち、株主への配当の支払い、利益準備金の積み立てを行った後、余った金額を将来の配当等に備えるために積み立てるものです。現実には、別途積立金が資本金の額を超えている会社もあります。

資本金と資本準備金・利益準備金の関係

　株主総会時の資本金100,000千円、資本準備金20,000千円、利益準備金0千円、配当金2,000千円

　資本準備金・利益準備金の合計（20,000千円）が資本金の4分の1（100,000円÷4＝25,000千円）に達していませんので、配当金の10分の1の利益準備金の積み立てを要します。

　利益準備金の積立額　2,000千円（配当金）÷10＝200千円

仕入代金の前渡金 500 千円を小切手を振り出して支払った

貸借対照表　　　　　（単位:千円）

現　　　　　金	14,240	買　　掛　　金	7,000
当　座　預　金	49,000	借　　入　　金	30,000
普　通　預　金	10,760	貸 倒 引 当 金	100
定　期　預　金	10,000	減価償却累計額	2,000
売　　掛　　金	5,000	資　　本　　金	100,000
有　価　証　券	3,000	資 本 準 備 金	20,000
商　　　　　品	2,000	利 益 準 備 金	200
貯　　蔵　　品	200	別 途 積 立 金	500
前　　渡　　金	500	繰越利益剰余金	300
建　　　　　物	12,000		
構　　築　　物	3,000		
車 両 運 搬 具	2,000		
備　　　　　品	5,000		
土　　　　　地	40,000		
建 設 仮 勘 定	5,000		
ソフトウェア	400		

損益計算書　　　　　（単位:千円）

		土 地 売 却 益	2,000

　貸借対照表の当座預金 500 千円が減少し、前渡金 500 千円が記載される。

　「貸借対照表と損益計算書の借方合計は 162,100 千円、貸方合計は 162,100 千円で一致します」

　前渡金は、商品仕入れ請求権を有しているため資産だ。
前渡金 500 千円は、次ページの仕入代金に充当される。

第6時限 「2年目の主な取引を理解する」

当期中の仕入総額は、60,000 千円である

仕入代金の内訳　現　　金　10,000 千円
　　　　　　　　小切手　　20,000 千円
　　　　　　　　前渡金　　　　500 千円
　　　　　　　　買掛金　　29,500 千円

貸 借 対 照 表　　　　　　　　（単位：千円）

現　　　　　金	4,240	買　　掛　　金	36,500
当 座 預 金	29,000	借　　入　　金	30,000
普 通 預 金	10,760	貸 倒 引 当 金	100
定 期 預 金	10,000	減価償却累計額	2,000
売　　掛　　金	5,000	資　　本　　金	100,000
有 価 証 券	3,000	資 本 準 備 金	20,000
商　　　　　品	2,000	利 益 準 備 金	200
貯　　蔵　　品	200	別 途 積 立 金	500
建　　　　　物	12,000	繰越利益剰余金	300
構　　築　　物	3,000		
車 両 運 搬 具	2,000		
備　　　　　品	5,000		
土　　　　　地	40,000		
建 設 仮 勘 定	5,000		
ソフトウェア	400		

損 益 計 算 書　　　　　　　　（単位：千円）

仕　　　　　入	60,000	土 地 売 却 益	2,000

　貸借対照表の現金 10,000 千円、当座預金 20,000 千円、前渡金 500 千円が減少し、貸方の買掛金 29,500 千円が増加する。損益計算書に仕入 60,000 千円が記載されるよ。

　「はい、貸借対照表と損益計算書の借方合計は 191,600 千円、貸方合計は 191,600 千円で一致します」

売上代金の前受金 800 千円を小切手で受け取った

貸 借 対 照 表　　　　　　　　（単位：千円）

現　　　　　金	5,040	買　　掛　　金	36,500
当 座 預 金	29,000	前　　受　　金	800
普 通 預 金	10,760	借　　入　　金	30,000
定 期 預 金	10,000	貸 倒 引 当 金	100
売　　掛　　金	5,000	減価償却累計額	2,000
有 価 証 券	3,000	資　　本　　金	100,000
商　　　　　品	2,000	資 本 準 備 金	20,000
貯　　蔵　　品	200	利 益 準 備 金	200
建　　　　　物	12,000	別 途 積 立 金	500
構　　築　　物	3,000	繰越利益剰余金	300
車 両 運 搬 具	2,000		
備　　　　　品	5,000		
土　　　　　地	40,000		
建 設 仮 勘 定	5,000		
ソフトウェア	400		

損 益 計 算 書　　　　　　　　（単位：千円）

仕　　　　　入	60,000	土 地 売 却 益	2,000

　貸借対照表の現金 800 千円が増加し、貸借対照表の貸方に負債として前受金 800 千円が記載される。

　「貸借対照表と損益計算書の借方合計は 192,400 千円、貸方合計は 192,400 千円で一致します」

前受金は、商品の引渡し義務が生じるため、負債だね。
前受金は、次ページで売上代金に充当される。

第6時限 「2年目の主な取引を理解する」

当期中の売上総額は、80,000千円である

売上代金の内訳　現　金　15,200千円
　　　　　　　　小切手　20,000千円（当座預金口座へ入金）
　　　　　　　　前受金　　　800千円
　　　　　　　　売掛金　44,000千円

貸 借 対 照 表　　　　　　　　　（単位：千円）

現　　　　　金	20,240	買　掛　金	36,500
当　座　預　金	49,000	借　入　金	30,000
普　通　預　金	10,760	貸倒引当金	100
定　期　預　金	10,000	減価償却累計額	2,000
売　　掛　　金	49,000	資　本　金	100,000
有　価　証　券	3,000	資本準備金	20,000
商　　　　　品	2,000	利益準備金	200
貯　　蔵　　品	200	別途積立金	500
建　　　　　物	12,000	繰越利益剰余金	300
構　　築　　物	3,000		
車 両 運 搬 具	2,000		
備　　　　　品	5,000		
土　　　　　地	40,000		
建 設 仮 勘 定	5,000		
ソフトウェア	400		

損 益 計 算 書　　　　　　　　　（単位：千円）

仕　　　　入	60,000	売　　　　上	80,000
		土 地 売 却 益	2,000

　貸借対照表の現金15,200千円、当座預金20,000千円、売掛金44,000千円が増加し、貸借対照表の貸方の前受金800千円が減少する。損益計算書の貸方に売上80,000千円が記載される。

　「貸借対照表と損益計算書の借方合計は271,600千円、貸方合計は271,600千円で一致します」

当期中の買掛金の支払総額は、28,000千円である

支払代金の内訳　現　　金　　2,500千円
　　　　　　　　小切手　　18,500千円
　　　　　　　　普通預金　　7,000千円

貸　借　対　照　表　　　　　　　（単位:千円）

現　　　　　金	17,740	買　　掛　　金	8,500
当　座　預　金	30,500	借　　入　　金	30,000
普　通　預　金	3,760	貸倒引当金	100
定　期　預　金	10,000	減価償却累計額	2,000
売　　掛　　金	49,000	資　　本　　金	100,000
有　価　証　券	3,000	資　本　準　備　金	20,000
商　　　　　品	2,000	利　益　準　備　金	200
貯　　蔵　　品	200	別　途　積　立　金	500
建　　　　　物	12,000	繰越利益剰余金	300
構　　築　　物	3,000		
車　両　運　搬　具	2,000		
備　　　　　品	5,000		
土　　　　　地	40,000		
建　設　仮　勘　定	5,000		
ソフトウェア	400		

損　益　計　算　書　　　　　　　（単位:千円）

仕　　　　　入	60,000	売　　　　　上	80,000
		土　地　売　却　益	2,000

貸借対照表の現金 2,500千円、当座預金 18,500千円、普通預金 7,000千円が減少し、貸借対照表の貸方の買掛金 28,000千円が減少する。

「貸借対照表と損益計算書の借方合計は 243,600千円、貸方合計は 243,600千円で一致します」

第6時限 「2年目の主な取引を理解する」

当期中の売掛金の回収総額は、30,000千円である

回収代金の内訳　現　金　3,000千円
　　　　　　　　小切手　10,000千円（当座預金口座へ入金）
　　　　　　　　当座預金　8,000千円（振込）
　　　　　　　　普通預金　8,000千円（振込）
　　　　　　　　受取手形　1,000千円

貸借対照表　　　　　　　　　　　（単位：千円）

現　　　　　金	20,740	買　　掛　　金	8,500
当　座　預　金	48,500	借　　入　　金	30,000
普　通　預　金	11,760	貸 倒 引 当 金	100
定　期　預　金	10,000	減価償却累計額	2,000
受　取　手　形	1,000	資　　本　　金	100,000
売　　掛　　金	19,000	資 本 準 備 金	20,000
有　価　証　券	3,000	利 益 準 備 金	200
商　　　　　品	2,000	別 途 積 立 金	500
貯　　蔵　　品	200	繰越利益剰余金	300
建　　　　　物	12,000		
構　　築　　物	3,000		
車　両　運　搬　具	2,000		
備　　　　　品	5,000		
土　　　　　地	40,000		
建 設 仮 勘 定	5,000		
ソフトウェア	400		

損益計算書　　　　　　　　　　　（単位：千円）

仕　　　　　入	60,000	売　　　　　上	80,000
		土 地 売 却 益	2,000

　貸借対照表の現金3,000千円、当座預金18,000千円、普通預金8,000千円、受取手形1,000千円が増加し、売掛金30,000千円が減少する。

　「貸借対照表と損益計算書の借方合計は243,600千円、貸方合

計は 243,600 千円で一致します」

決算日までに生じた売上以外の収益

　①普通預金の利息　　　　　60 千円（普通預金口座に入金）
　②定期預金の利息　　　　　80 千円（定期預金口座に入金）
　③有価証券の受取配当金　　120 千円（現金として処理）

貸 借 対 照 表　　　　　　（単位：千円）

現　　　　　金	20,860	買　掛　金	8,500
当 座 預 金	48,500	借　入　金	30,000
普 通 預 金	11,820	貸倒引当金	100
定 期 預 金	10,080	減価償却累計額	2,000
受 取 手 形	1,000	資　本　金	100,000
売　掛　金	19,000	資本準備金	20,000
有 価 証 券	3,000	利益準備金	200
商　　　　品	2,000	別途積立金	500
貯　蔵　品	200	繰越利益剰余金	300
建　　　　物	12,000		
構　築　物	3,000		
車 両 運 搬 具	2,000		
備　　　　品	5,000		
土　　　　地	40,000		
建 設 仮 勘 定	5,000		
ソフトウェア	400		

損 益 計 算 書　　　　　　（単位：千円）

仕　　　　入	60,000	売　　　　　上	80,000
		受 取 利 息	140
		受 取 配 当 金	120
		土 地 売 却 益	2,000

　貸借対照表の現金 120 千円、普通預金 60 千円、定期預金 80 千円が増加する。損益計算書の貸方に受取利息 140 千円、受取配

当金 120 千円が記載される。

「貸借対照表と損益計算書の借方合計は 243,860 千円、貸方合計は 243,860 千円で一致します」

決算日までに生じた費用

①固定資産税 1,000 千円を現金で支払った。
②広告宣伝費 1,800 千円を小切手を振り出して支払った。
③委託運送会社から荷造発送費 1,100 千円の請求書が送付されてきた。代金は、翌期に支払う約束である。
④従業員の給料手当 4,800 千円を普通預金口座から支払った。
⑤決算日より1か月前（×3年3月1日）に建物の火災保険料 120 千円（1年分）を現金で支払った。
⑥借入金の支払利息 1,800 千円を普通預金口座から支払った。

貸 借 対 照 表　　　　　　　　　（単位：千円）

現　　　　　金	19,740	買　　掛　　金	8,500
当 座 預 金	46,700	借　　入　　金	30,000
普 通 預 金	5,220	未　　払　　金	1,100
定 期 預 金	10,080	貸 倒 引 当 金	100
受 取 手 形	1,000	減価償却累計額	2,000
売　　掛　　金	19,000	資　　本　　金	100,000
有 価 証 券	3,000	資 本 準 備 金	20,000
商　　　　　品	2,000	利 益 準 備 金	200
貯　　蔵　　品	200	別 途 積 立 金	500
建　　　　　物	12,000	繰越利益剰余金	300
構　　築　　物	3,000		
車 両 運 搬 具	2,000		
備　　　　　品	5,000		
土　　　　　地	40,000		
建 設 仮 勘 定	5,000		
ソ フ ト ウ ェ ア	400		

損 益 計 算 書　　　　　　　　　（単位：千円）

仕　　　　　入	60,000	売　　　　　上	80,000
租 税 公 課	1,000	受 取 利 息	140
広 告 宣 伝 費	1,800	受 取 配 当 金	120
荷 造 発 送 費	1,100	土 地 売 却 益	2,000
給 料 手 当	4,800		
火 災 保 険 料	120		
支 払 利 息	1,800		

貸借対照表の現金1,120千円、当座預金1,800千円、普通預金6,600千円が減少し、貸借対照表の貸方に未払金1,100千円が記載される。損益計算書の借方に租税公課1,000千円、広告宣伝費1,800千円、荷造発送費1,100千円、給料手当4,800千円、火災保険料120千円、支払利息1,800千円が記載される。

「貸借対照表と損益計算書の借方合計は244,960千円、貸方合計は244,960千円で一致します」

2年目の決算で行うのは、次の8つのものがある。

会計期間末（決算日）～決算整理
①有形固定資産の減価償却費の計算
②ソフトウェアの減価償却費の計算
③貸倒引当金の計上
④有価証券の評価（時価に変更）
⑤火災保険料の繰延べ（当期分と翌期分の配分）
⑥貯蔵品（消耗品）の棚卸高の計上
⑦商品の棚卸高（売れ残り）の計上
⑧法人税、住民税及び事業税の計算

順番に見ていこう。

決算整理①
有形固定資産の減価償却費を計算する

建物の減価償却費	400千円
構築物の減価償却費	200千円
車両運搬具の減価償却費	400千円
備品の減価償却費	1,000千円　　合計　2,000千円

貸借対照表 (単位:千円)

借方		貸方	
現　　　　　金	19,740	買　掛　金	8,500
当　座　預　金	46,700	借　入　金	30,000
普　通　預　金	5,220	未　払　金	1,100
定　期　預　金	10,080	貸倒引当金	100
受　取　手　形	1,000	減価償却累計額	4,000
売　　掛　　金	19,000	資　本　金	100,000
有　価　証　券	3,000	資本準備金	20,000
商　　　　　品	2,000	利益準備金	200
貯　　蔵　　品	200	別途積立金	500
建　　　　　物	12,000	繰越利益剰余金	300
構　　築　　物	3,000		
車　両　運　搬　具	2,000		
備　　　　　品	5,000		
土　　　　　地	40,000		
建　設　仮　勘　定	5,000		
ソフトウェア	400		

損益計算書 (単位:千円)

借方		貸方	
仕　　　　　入	60,000	売　　　　上	80,000
租　税　公　課	1,000	受　取　利　息	140
広　告　宣　伝　費	1,800	受　取　配　当　金	120
荷　造　発　送　費	1,100	土　地　売　却　益	2,000
給　料　手　当	4,800		
火　災　保　険　料	120		
┊減　価　償　却　費┊	┊2,000┊		
支　払　利　息	1,800		

貸借対照表の貸方の減価償却累計額が2,000千円増加し、損益計算書の借方に減価償却費2,000千円が記載される。

「貸借対照表と損益計算書の借方合計は246,960千円、貸方合計は246,960千円で一致します」

第6時限 「2年目の主な取引を理解する」

決算整理②
ソフトウェアの減価償却費 100 千円を計算する

貸 借 対 照 表　　　　　　（単位：千円）

現　　　　金	19,740	買　　掛　　金	8,500
当 座 預 金	46,700	借　　入　　金	30,000
普 通 預 金	5,220	未　　払　　金	1,100
定 期 預 金	10,080	貸 倒 引 当 金	100
受 取 手 形	1,000	減価償却累計額	4,000
売　　掛　　金	19,000	資　　本　　金	100,000
有 価 証 券	3,000	資 本 準 備 金	20,000
商　　　　品	2,000	利 益 準 備 金	200
貯 蔵 品	200	別 途 積 立 金	500
建　　　　物	12,000	繰越利益剰余金	300
構　　築　　物	3,000		
車 両 運 搬 具	2,000		
備　　　　品	5,000		
土　　　　地	40,000		
建 設 仮 勘 定	5,000		
ソフトウェア	300		

損 益 計 算 書　　　　　　（単位：千円）

仕　　　　入	60,000	売　　　　上	80,000
租 税 公 課	1,000	受 取 利 息	140
広 告 宣 伝 費	1,800	受 取 配 当 金	120
荷 造 発 送 費	1,100	土 地 売 却 益	2,000
給 料 手 当	4,800		
火 災 保 険 料	120		
減 価 償 却 費	2,000		
ソフトウェア償却	100		
支 払 利 息	1,800		

貸借対照表のソフトウェア 100 千円が減少し、損益計算書の借方にソフトウェア償却 100 千円が記載される。

「貸借対照表と損益計算書の借方合計は 246,960 千円、貸方合計は 246,960 千円で一致します」

第6時限 「2年目の主な取引を理解する」

決算整理③
貸倒引当金として受取手形と売掛金の合計額の2％を計上した。前期から繰り越された貸倒引当金との差額分を損益計算書に貸倒引当金繰入として費用計上する

貸 借 対 照 表 　　　　　　　　　　（単位：千円）

現　　　　　金	19,740	買　　掛　　金	8,500
当　座　預　金	46,700	借　　入　　金	30,000
普　通　預　金	5,220	未　　払　　金	1,100
定　期　預　金	10,080	貸 倒 引 当 金	400
受　取　手　形	1,000	減価償却累計額	4,000
売　　掛　　金	19,000	資　　本　　金	100,000
有　価　証　券	3,000	資 本 準 備 金	20,000
商　　　　　品	2,000	利 益 準 備 金	200
貯　　蔵　　品	200	別 途 積 立 金	500
建　　　　　物	12,000	繰越利益剰余金	300
構　　築　　物	3,000		
車 両 運 搬 具	2,000		
備　　　　　品	5,000		
土　　　　　地	40,000		
建 設 仮 勘 定	5,000		
ソフトウェア	300		

損 益 計 算 書 　　　　　　　　　　（単位：千円）

仕　　　　　入	60,000	売　　　　　上	80,000
租　税　公　課	1,000	受　取　利　息	140
広　告　宣　伝　費	1,800	受 取 配 当 金	120
荷　造　発　送　費	1,100	土 地 売 却 益	2,000
給　料　手　当	4,800		
火　災　保　険　料	120		
減　価　償　却　費	2,000		
ソフトウェア償却	100		
貸倒引当金繰入	300		
支　払　利　息	1,800		

貸借対照表の貸方の貸倒引当金が 300 千円増加し、損益計算書の借方に貸倒引当金繰入 300 千円が記載される。

「貸借対照表と損益計算書の借方合計は 247,260 千円、貸方合計は 247,260 千円で一致します」

● 2 年目の貸倒引当金の計算方法

2 年目の貸倒引当金は、次のように計算します。
- 受取手形と売掛金の合計
  1,000 千円 + 19,000 千円 = 20,000 千円
- 貸借対照表の貸倒引当金 20,000 千円 × 2 ％ = 400 千円
- 損益計算書の貸倒引当金繰入
  400 千円 − 100 千円（貸倒引当金の前期分残高）= 300 千円

前期から繰り越された貸倒引当金をマイナスしないと 100 千円が過大に費用計上されてしまうからです。

このような計算方法を「差額（補充）法」といいます。

決算整理④
有価証券の決算日現在の時価は3,300千円であった

貸借対照表 (単位:千円)

現　　　　金	19,740	買　　掛　　金	8,500
当　座　預　金	46,700	借　　入　　金	30,000
普　通　預　金	5,220	未　　払　　金	1,100
定　期　預　金	10,080	貸　倒　引　当　金	400
受　取　手　形	1,000	減価償却累計額	4,000
売　　掛　　金	19,000	資　　本　　金	100,000
有　価　証　券	3,300	資　本　準　備　金	20,000
商　　　　品	2,000	利　益　準　備　金	200
貯　　蔵　　品	200	別　途　積　立　金	500
建　　　　物	12,000	繰越利益剰余金	300
構　　築　　物	3,000		
車　両　運　搬　具	2,000		
備　　　　品	5,000		
土　　　　地	40,000		
建　設　仮　勘　定	5,000		
ソフトウェア	300		

損益計算書 (単位:千円)

仕　　　　入	60,000	売　　　　上	80,000
租　税　公　課	1,000	受　取　利　息	140
広　告　宣　伝　費	1,800	受　取　配　当　金	120
荷　造　発　送　費	1,100	有価証券評価益	300
給　料　手　当	4,800	土　地　売　却　益	2,000
火　災　保　険　料	120		
減　価　償　却　費	2,000		
ソフトウェア償却	100		
貸倒引当金繰入	300		
支　払　利　息	1,800		

貸借対照表の有価証券は、時価の上昇分300千円が増加し、損益計算書の貸方に有価証券評価益300千円が記載される。

　「貸借対照表と損益計算書の借方合計は247,560千円、貸方合計は247,560千円で一致します」

よく飽きずに、続いているね、感心だ。

　「はい、ありがとうございます。ボク、いわれたことだけはきちんとやらないと気が済まない性格なんですよ。あ、ところで先ほど出てきた有価証券なんですが、必ず時価評価するものなんですか？　そのときによって価格が違っていたんじゃ、困りますよね？」

有価証券は、株式・社債・国債などをさすんだけれど、多くは株式だ。株式には、時価のあるものとないものがあるんだよ。
　時価のある株式というのは、証券取引所に上場している会社の株式だ。
　会社が時価のある株式を取得した場合、決算日の時価で貸借対照表に記載するんだ。したがって、取得したときより時価が上昇していれば「有価証券評価益」、時価が下落していれば「有価証券評価損」が、損益計算書に記載されることになる。

　「それは大変だ」

具体的に示してみようか。

● 3,000千円で有価証券を取得したとき

貸借対照表		(単位:千円)
有 価 証 券	3,000	

決算日の時価が3,300千円に上昇していた場合

貸借対照表		(単位:千円)
有 価 証 券	3,300 (時価)	

損益計算書		(単位:千円)
	有価証券評価益	300

資産が300千円増加し、利益も300千円増加する。

決算日の時価が2,700千円に下落していた場合

貸借対照表		(単位:千円)
有 価 証 券	2,700 (時価)	

損益計算書		(単位:千円)
有価証券評価損	300	

資産が300千円減少し、損失が300千円増加する。

決算整理⑤
火災保険料 120 千円のうち
翌期分の 110 千円を前払費用とした

貸 借 対 照 表　　　　　　　（単位：千円）

現　　　　　金	19,740	買　　掛　　金	8,500
当　座　預　金	46,700	借　　入　　金	30,000
普　通　預　金	5,220	未　　払　　金	1,100
定　期　預　金	10,080	貸 倒 引 当 金	400
受　取　手　形	1,000	減価償却累計額	4,000
売　　掛　　金	19,000	資　　本　　金	100,000
有　価　証　券	3,300	資 本 準 備 金	20,000
商　　　　　品	2,000	利 益 準 備 金	200
貯　　蔵　　品	200	別 途 積 立 金	500
前　払　費　用	110	繰越利益剰余金	300
建　　　　　物	12,000		
構　　築　　物	3,000		
車　両　運　搬　具	2,000		
備　　　　　品	5,000		
土　　　　　地	40,000		
建　設　仮　勘　定	5,000		
ソ フ ト ウ ェ ア	300		

損 益 計 算 書　　　　　　　（単位：千円）

仕　　　　　入	60,000	売　　　　　上	80,000
租　税　公　課	1,000	受　取　利　息	140
広　告　宣　伝　費	1,800	受　取　配　当　金	120
荷　造　発　送　費	1,100	有価証券評価益	300
給　料　手　当	4,800	土　地　売　却　益	2,000
火　災　保　険　料	10		
減　価　償　却　費	2,000		
ソフトウェア償却	100		
貸倒引当金繰入	300		
支　払　利　息	1,800		

貸借対照表の借方に翌期分の火災保険料 11 か月分 110 千円が前払費用として記載され、損益計算書の火災保険料が 110 千円減少する。

「貸借対照表と損益計算書の借方合計は 247,560 千円、貸方合計は 247,560 千円で一致します」

●火災保険料の前払いについて

火災保険料 120 千円は、決算日より 1 か月前（×3 年 3 月 1 日）に 12 か月分を支払っています。翌期分も含まれていますから、120 千円全額を損益計算書に費用計上することはできません。

- 1 か月分の火災保険料　120 千円 ÷ 12 か月 = 10 千円
- 当期分　10 千円 × 1 か月分 = 10 千円
  当期分の火災保険料 10 千円は、損益計算書に費用計上します。
- 翌期分　10 千円 × 11 か月分 = 110 千円
  翌期分の火災保険料 110 千円は、貸借対照表の資産に前払費用として記載します。
  翌期に 11 か月分の保険金請求権が発生するからです。

「火災保険料の『翌期分の扱い』っていうのがよくわかりません」

では、火災保険料 120 千円を図解してみよう。

Q 火災保険料の翌期分は、どうなるのですか？

A 火災保険料 120 千円を図解してみましょう。

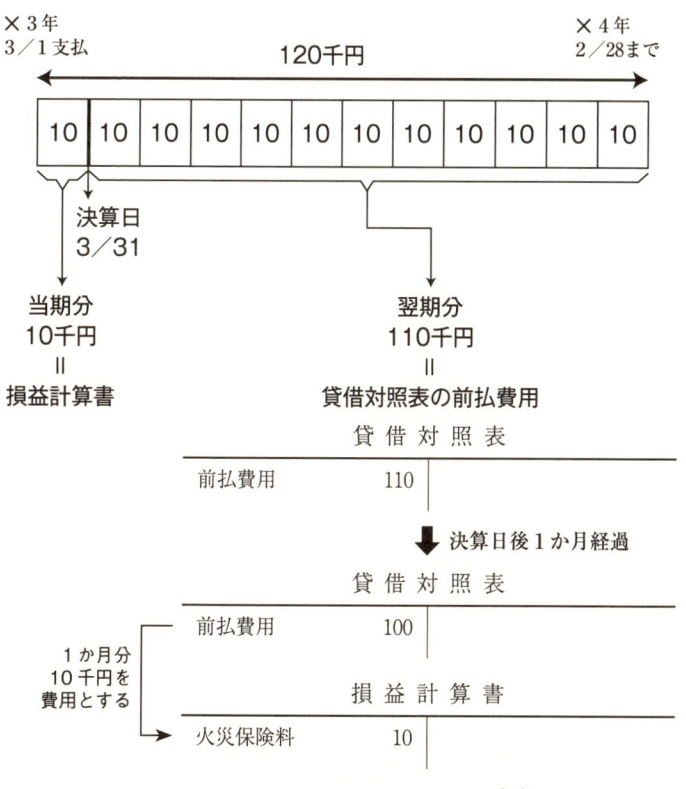

```
×3年                                              ×4年
3/1支払  ←――――――― 120千円 ―――――――→  2/28まで
┌──┬──┬──┬──┬──┬──┬──┬──┬──┬──┬──┬──┐
│10│10│10│10│10│10│10│10│10│10│10│10│
└──┴──┴──┴──┴──┴──┴──┴──┴──┴──┴──┴──┘
```

決算日
3/31

当期分　　　　　　　　　　　　翌期分
10千円　　　　　　　　　　　　110千円
　‖　　　　　　　　　　　　　　‖
損益計算書　　　　　　　　貸借対照表の前払費用

貸　借　対　照　表	
前払費用	110

↓ 決算日後 1 か月経過

貸　借　対　照　表	
前払費用	100

1か月分
10千円を
費用とする

損　益　計　算　書	
火災保険料	10

翌期に 11 か月経過すると前払費用は、すべて損益計算書の費用になってしまいます。つまり、貸借対照表の資産として記載した前払費用を、1 か月経過するごとに損益計算書の費用とするのです。

決算整理⑥
貯蔵品（消耗品）の棚卸高 50 千円を計上する

貸 借 対 照 表　　　　　　　（単位:千円）

現　　　　　金	19,740		買　　掛　　金	8,500
当 座 預 金	46,700		借　　入　　金	30,000
普 通 預 金	5,220		未　　払　　金	1,100
定 期 預 金	10,080		貸 倒 引 当 金	400
受 取 手 形	1,000		減価償却累計額	4,000
売　　掛　　金	19,000		資　　本　　金	100,000
有 価 証 券	3,300		資 本 準 備 金	20,000
商　　　　　品	2,000		利 益 準 備 金	200
貯　　蔵　　品	50		別 途 積 立 金	500
前 払 費 用	110		繰越利益剰余金	300
建　　　　　物	12,000			
構　　築　　物	3,000			
車 両 運 搬 具	2,000			
備　　　　　品	5,000			
土　　　　　地	40,000			
建 設 仮 勘 定	5,000			
ソフトウェア	300			

損 益 計 算 書　　　　　　　（単位:千円）

仕　　　　　入	60,000		売　　　　　上	80,000
租 税 公 課	1,000		受 取 利 息	140
広 告 宣 伝 費	1,800		受 取 配 当 金	120
荷 造 発 送 費	1,100		有価証券評価益	300
給 料 手 当	4,800		土 地 売 却 益	2,000
火 災 保 険 料	10			
減 価 償 却 費	2,000			
ソフトウェア償却	100			
貸倒引当金繰入	300			
消 耗 品 費	150			
支 払 利 息	1,800			

貸借対照表の貯蔵品は、50千円（200千円〔決算整理前の貸借対照表の金額〕－150千円〔消費額〕）に減少し、損益計算書の借方に消耗品費150千円が記載される。

「貸借対照表と損益計算書の借方合計は247,560千円、貸方合計は247,560千円で一致します」

決算整理⑦
商品の棚卸高(売れ残り)4,400千円を計上する

貸借対照表　　　　　　(単位:千円)

現　　　　金	19,740	買　掛　金	8,500
当 座 預 金	46,700	借　入　金	30,000
普 通 預 金	5,220	未　払　金	1,100
定 期 預 金	10,080	貸 倒 引 当 金	400
受 取 手 形	1,000	減価償却累計額	4,000
売 　掛　 金	19,000	資　本　金	100,000
有 価 証 券	3,300	資 本 準 備 金	20,000
商　　　　品	4,400	利 益 準 備 金	200
貯 蔵 品	50	別 途 積 立 金	500
前 払 費 用	110	繰越利益剰余金	300
建　　　　物	12,000		
構 築 物	3,000		
車 両 運 搬 具	2,000		
備　　　　品	5,000		
土　　　　地	40,000		
建 設 仮 勘 定	5,000		
ソフトウェア	300		

損益計算書　　　　　　(単位:千円)

売 上 原 価	57,600	売　　　　上	80,000
租 税 公 課	1,000	受 取 利 息	140
広 告 宣 伝 費	1,800	受 取 配 当 金	120
荷 造 発 送 費	1,100	有価証券評価益	300
給 料 手 当	4,800	土 地 売 却 益	2,000
火 災 保 険 料	10		
減 価 償 却 費	2,000		
ソフトウェア償却	100		
貸倒引当金繰入	300		
消 耗 品 費	150		
支 払 利 息	1,800		

貸借対照表の商品は、期末の棚卸高 4,400 千円が記載され、損益計算書の仕入は、売上原価 57,600 千円になる（下記参照）。

　「貸借対照表と損益計算書の借方合計は 247,560 千円、貸方合計は 247,560 千円で一致します」

商品の売上原価の計算

売上原価は、次の計算式で求めるよ。

売上原価
＝前期の商品棚卸高 ＋ 当期の商品仕入高 － 当期の商品棚卸高
　（貸借対照表の商品）　　（損益計算書の仕入）　　（期末の棚卸高）

＝ 2,000 千円 ＋ 60,000 千円 － 4,400 千円

＝ 57,600 千円

ちなみに商品の売上総利益の計算は、次のように求めるよ。

売上総利益
＝売上高 － 売上原価

＝ 80,000 千円 － 57,600 千円

＝ 22,400 千円

第6時限 「2年目の主な取引を理解する」

決算整理⑧
法人税、住民税及び事業税の計算

損 益 計 算 書　　　　　　　（単位：千円）

売 上 原 価	57,600	売　　　　　上	80,000
租 税 公 課	1,000	受 取 利 息	140
広 告 宣 伝 費	1,800	受 取 配 当 金	120
荷 造 発 送 費	1,100	有価証券評価益	300
給 料 手 当	4,800	土 地 売 却 益	2,000
火 災 保 険 料	10		
減 価 償 却 費	2,000		
ソフトウェア償却	100		
貸倒引当金繰入	300		
消 耗 品 費	150		
支 払 利 息	1,800		

- 上の損益計算書から税引前当期純利益を計算します。

    貸借の差額で 11,900 千円と計算できます。
- 法人税、住民税及び事業税を計算します。

    税率は税引前当期純利益の 40% とします。

    11,900 千円 × 40% = 4,760 千円

    この金額は、貸借対照表の貸方に未払法人税等として記載されます。
- 当期純利益を計算します。

    11,900 千円 − 4,760 千円 = 7,140 千円

    この金額は、貸借対照表の貸方の繰越利益剰余金に加算されます。

この結果を、貸借対照表と損益計算書に反映させてみよう。

貸借対照表　　　　　　　　（単位：千円）

現　　　　金	19,740	買　掛　金	8,500
当 座 預 金	46,700	借　入　金	30,000
普 通 預 金	5,220	未　払　金	1,100
定 期 預 金	10,080	未払法人税等	4,760
受 取 手 形	1,000	貸倒引当金	400
売　掛　金	19,000	減価償却累計額	4,000
有 価 証 券	3,300	資　本　金	100,000
商　　　品	4,400	資本準備金	20,000
貯　蔵　品	50	利益準備金	200
前 払 費 用	110	別途積立金	500
建　　　物	12,000	繰越利益剰余金	7,440
構　築　物	3,000		
車両運搬具	2,000		
備　　　品	5,000		
土　　　地	40,000		
建設仮勘定	5,000		
ソフトウェア	300		
	176,900		176,900

損益計算書　　　　　　　　（単位：千円）

売 上 原 価	57,600	売　　　上	80,000
租 税 公 課	1,000	受 取 利 息	140
広 告 宣 伝 費	1,800	受取配当金	120
荷造発送費	1,100	有価証券評価益	300
給 料 手 当	4,800	土地売却益	2,000
火 災 保 険 料	10		
減 価 償 却 費	2,000		
ソフトウェア償却	100		
貸倒引当金繰入	300		
消 耗 品 費	150		
支 払 利 息	1,800		
法人税、住民税及び事業税	4,760		
当 期 純 利 益	7,140		
	82,560		82,560

「『この結果を貸借対照表と損益計算書に反映させる』っていうのがまだよくわかりません」

損益計算書で出した当期純利益 7,140 千円が「この結果」。これを貸借対照表の繰越利益剰余金 300 千円に加算すると 7,440 千円となり、法人税、住民税及び事業税 4,760 千円を貸借対照表の貸方に記載すると、貸借対照表はバランスする。この作業のことを「反映させる」といったんだよ。

「そういうことですか。それならいままでも何回かやってきましたから、よくわかります」

スーパー三木も 2 年目を迎え、会社の規模（数字）も大きくなってきたから、1 時限目と同じように整理してみようか。

借方	貸借対照表		貸方
（借方合計）	176,900	（貸方合計）	169,760

	損益計算書		
（借方合計）	75,420	（貸方合計）	82,560
当期純利益	**7,140**		

▼ 損益計算書の左側にはみ出た当期純利益を、**貸借対照表上は本来の右側に記載**

	貸借対照表		
（借方合計）	176,900	（貸方合計）	169,760
		当期純利益	7,140 ◄───
	176,900		176,900

	損益計算書		
（借方合計）	75,420	（貸方合計）	82,560
└─**当期純利益**	**7,140**		
	82,560		82,560

「貸借対照表と損益計算書は、みごとにバランスしますね」

 さあ、これで２年目の財務諸表の説明はおしまいだ。３年目以降もまったく同じことだから、私が教えるべきこともどうやら終わりに近づいたようだ。どうだね、三木くん。

「はい、貸借対照表や損益計算書を見ても、なんだか怖くないというか、だいぶ自信がついてきたような気がします」

第6時限 「2年目の主な取引を理解する」

　明日は、法律に準拠した正式な2年目のB／SとP／Lを作成してみよう。これまでの数字を入れてまとめるだけだから、恐れることはないよ。

　「わかりました。がんばります」

三木君のひとりごと

……いやぁ、今回は長い講義だったな〜。いろいろな状況設定が出てきてどうなることかと思ったけど、終わってみれば同じパターンの繰り返しばっかり。でも逆にその繰り返しがよかったような。何度も見ているうちにわかってくるものがあるんだよな……。

第7時限

「2年目のB/S、P/Lを作成する」

コメント

財務諸表の最終チェック

所要時間10分

第7時限「2年目のB/S、P/Lを作成する」

さて、今日は貸借対照表をつくるときのポイントを復習しながら、実際に使われているものを見ていこう。

「だ、大丈夫でしょうか？」

新しいことは何も出てこないから、心配しないで。

ポイント①

現　　金	19,740 千円
当座預金	46,700 千円
普通預金	5,220 千円
「現金及び預金」	71,660 千円

ここで定期預金 10,080 千円は、決算日の翌日から1年を超えて満期がくるので、「長期定期預金」の科目名で固定資産の「投資その他の資産」に記載されることに注意だ。

ポイント②

貸倒引当金 400 千円は、受取手形 1,000 千円と売掛金 19,000 千円のうち回収できないかもしれない予想金額だから、「流動資産」から「マイナス」する。

ポイント③

減価償却累計額 4,000 千円は、建物・構築物・車両運搬具・備品の価値減少分の合計（減価償却費の合計）だから、固定資産の「有形固定資産」から「マイナス」する。

これらのことに着目しながら、次の貸借対照表を見てみよう。

貸 借 対 照 表　　　　　（単位:千円）
平成×3年3月31日現在

資　産　の　部		負　債　の　部	
【流動資産】		【流動負債】	
現 金 及 び 預 金	71,660	買　　掛　　金	8,500
受　取　手　形	1,000	未　　払　　金	1,100
売　　掛　　金	19,000	未 払 法 人 税 等	4,760
貸 倒 引 当 金	△400	【固定負債】	
有　価　証　券	3,300	長 期 借 入 金	30,000
商　　　　　品	4,400		
貯　　蔵　　品	50		
前　払　費　用	110		
【固定資産】		純　資　産　の　部	
(1) 有形固定資産		(1) 資　本　金	100,000
建　　　　　物	12,000	(2) 資本剰余金	
構　　築　　物	3,000	資 本 準 備 金	20,000
車 両 運 搬 具	2,000	(3) 利益剰余金	
備　　　　　品	5,000	利 益 準 備 金	200
減価償却累計額	△4,000	その他利益剰余金	
土　　　　　地	40,000	別 途 積 立 金	500
建 設 仮 勘 定	5,000	繰越利益剰余金	7,440
(2) 無形固定資産			
ソフトウェア	300		
(3) 投資その他の資産			
長 期 定 期 預 金	10.080		
資産合計	172,500	負債純資産合計	172,500

流動資産は、1年以内に資金として回収が予定されている項目だったね。覚えてる？

「はい、覚えています」

逆に、流動負債は？

「1年以内に資金が出ていく予定の項目です」

そうだ。貸借対照表では、それを借方と貸方にわけて記載するわけだが、次のように並べて見ると、会社の資金状況がよくわかるんだ。

貸借対照表

流動資産 99,120	流動負債 14,360
	資金の余裕

こうして見ると、2年経過したスーパー三木は、流動資産が流動負債をかなり上回っているから、資金難で困るといったことはなさそうだな。

「図表の点線部分ですね。資金の余裕があるって、こういうことをいうのか……」

次は、損益計算書を見てみよう。これは左右の欄（借方と貸方）にわけずに、タテに数字を並べる方式だ。一般にはこれが使われていることは、前にいったとおり。

「はい、ボクは左右の計算ばっかりしていただけに残念ですけど」

ははは、これも慣れれば見やすいというか、単純だからラクだよ。

「そうでしょうか……」

損益計算書の作成ポイント

さて、一方の損益計算書は、3つの収益・利益と4つの費用・損失で構成されることを覚えているかい？

「え、売上高とか営業外収益とかっていう、あれですか？」

そうそう。さっきのようにまとめてみよう。

ポイント①　3つの収益・利益
（1）損益計算書のもっとも大きな金額が「売上高」。
（2）「売上高」以外の収益が「営業外収益」（これは、会社の本業以外の収益だったね）。
　　　例：受取利息、受取配当金、有価証券売却益、有価証券評価損など
（3）「特別利益」は、会社の営業活動で臨時的、非経常的に発生する利益。
　　　例：固定資産売却益、保険差益など

ポイント②　4つの費用・損失
（1）「売上原価」は、「売上高」と対応する費用（P68の一物二

価を参照)。
(2)「販売費及び一般管理費」は、「売上原価」以外の「売上高」と対応する費用。
　　例：給料(手当)、広告宣伝費、租税公課、消耗品費など
(3)「営業外費用」は、売上高を獲得するために必要としませんが、毎期発生する費用。
　　例：支払利息、有価証券売却損、有価証券評価損
(4)「特別損失」は、会社の営業活動で臨時的、非経常的に発生する損失。
　　例：固定資産売却損、火災損失など

　これらのことを頭におきながら次の損益計算書を確認して、今日の講義は終わりにしよう。

損 益 計 算 書 (単位:千円)

自平成×2年4月1日至平成×3年3月31日

I	売上高		80,000
II	売上原価		
	期首商品棚卸高	2000	
	当期商品仕入高	60,000	
	合　　計	62,000	
	期末商品棚卸高	4,400	57,600
	売上総利益		22,400
III	販売費及び一般管理費		
	給料手当	4,800	
	広告宣伝費	1,800	
	荷造発送費	1,100	
	租税公課	1,000	
	消耗品費	150	
	火災保険料	10	
	貸倒引当金繰入	300	
	減価償却費	2,000	
	ソフトウェア償却	100	11,260
	営業利益		11,140
IV	営業外収益		
	受取利息	140	
	受取配当金	120	
	有価証券評価益	300	560
V	営業外費用		
	支払利息	1,800	1,800
	経常利益		9,900
VI	特別利益		
	土地売却益	2,000	2,000
VII	特別損失		0
	税引前当期純利益		11,900
	法人税、住民税及び事業税		4,760
	当期純利益		7,140

第7時限 「2年目の B/S、P/L を作成する」

三木君のひとりごと

……今日みたいに、できあがった B/S や P/L を見ると、どうしても難しく感じてしまうんだよな。いつも全体を簡略化する目をもって、その「しくみ」が見えてくるようになればいいということか。そのあたりが今後の課題かも……。

参考 新しい損益計算書の形式

会社によっては、多くの銘柄の株式を保有しています。株式は「有価証券」として記載されますが、保有目的により時価評価をしたり、しなかったりします。

株式の保有目的

- 「売買目的」の株式……株価の上昇によりすぐに売却予定の銘柄なので時価で評価します。
- 「子会社株式・関連会社株式」……子会社株式は発行会社の株式のおおむね50％超所有しているもので、関連会社株式は発行会社の株式のおおむね20％以上所有している銘柄の株式です。これらは、売却予定がないので時価評価しません。
- 「その他有価証券」とする株式……「売買目的の株式」「子会社株式・関連会社株式」以外の銘柄の株式で、現時点では売却予定のないものです。この銘柄の株式は、現行法では時価評価するものの損益計算書の評価益・評価損として記載しません。2010年7月以降は、損益計算書の当期純利益の下に最終利益を「包括利益」として表示します。

損 益 計 算 書

⋮	⋮
当 期 純 利 益	×××
その他有価証券評価差額金	×××
包 括 利 益	×××

第8時限

「2年目のB/S、P/Lのまとめ」

コメント

財務諸表の読み方

所要時間10分

第8時限「2年目のB/S、P/Lのまとめ」

第7時限の貸借対照表と損益計算書から、会社の情報を読み取ってみようか。

貸借対照表を読む
①支払い能力があるか？

貸借対照表を第1時限と同じようにおおまかに要約してみるよ。

貸借対照表　　　　　　（単位:千円）
平成×3年3月31日現在

資　産　の　部		負　債・純　資　産　の　部	
【 流 動 資 産 】	99,120	【 流 動 負 債 】	14,360
【 固 定 資 産 】	73,380	【 固 定 負 債 】	30,000
		【 純　資　産 】	128,140
	172,500		172,500

流動資産は、おおむね1年以内に資金に転化する資産だ。
流動負債は、おおむね1年以内に資金の支出する負債だね。
したがって、流動資産が流動負債より大きければ支払能力があることを示す。
これを具体的に示す財務分析の指標を流動比率というんだ。

〈流動比率〉
99,120千円（流動資産）÷ 14,360千円（流動負債）× 100%
≒ 690%

流動比率が100%以上であれば、支払い能力があることを示す。スーパー三木は、十分に支払能力があるといえるね。

「とりあえず、よかったです！」

②支払能力があることがよいことか？
　スーパー三木は、支払能力は十分あることはわかったけれど、果たしてこれが「よい」といえるかわからないよ。

「えっ、どういうことですか？」

流動資産から流動負債を引いてみるよ。

99,120千円（流動資産）− 14,360千円（流動負債）
**　　　　　　　　　　　　　= 84,760千円（余剰資金）**

　流動負債を超える流動資産は、資金を無駄に溜め込んでいる可能性がある。単に資金を持っているだけでは、何も生まれないからね。有効に活用してこそ、資金の価値が生まれる。

③あまりある資金は、どのように使うべきか？
　たとえば、投資に使う。資金投資の選択先には次のようなものがあるよ。

ⅰ　定期預金にする
　　普通預金より利息の金利が高いので有利。しかし、会社の目的である「成長」には貢献しない。
ⅱ　有価証券（株式）を購入する

第8時限 「2年目のB/S、P/Lのまとめ」

　　有価証券（株式）は、受取配当金と株価上昇による利益を得ることを目的としている。しかし、定期預金同様に会社の目的である「成長」には貢献しない。
　iii　設備投資をする
　　設備投資は、土地、建物等の固定資産を購入すること。
　　小売業であれば、土地、建物等の固定資産は売場面積等の拡大による売上の増加に貢献する。

　資金の投資先はいろいろあるけれど、せめて「金利」以上の利益をもたらす投資を選択するべきだといえるよね。

　　定期預金が貢献する利益　→　受取利息＝営業外収益
　　有価証券が貢献する利益　→　受取配当金、有価証券売却益
　　　　　　　　　　　　　　　　　＝営業外収益
　　設備投資が貢献する利益　→　売上高＝営業収益

④資金の調達源泉は、どのように構成されているか？
　資産は、負債と純資産で増加するんだったね。そこで、どのような構成で資産を購入しているかを明らかにするために、貸借対照表を百分率で示してみよう。
　とりあえず、次の点を復習してから、見ていこうか。

　　負　債　→　返済必要
　　純資産　→　返済不要

どうかな？　覚えてる？

　「はい、覚えています」

貸 借 対 照 表　　（単位：千円）
平成×3年3月31日現在

資　産　の　部		負　債・純　資　産　の　部	
【流動資産】	100%	【流動負債】	約26%
【固定資産】		【固定負債】	
		【　純　資　産　】	約74%
	100%		100%

返済必要 ／ 返済不要 ｝ 資金

資金で資産を購入

- スーパー三木は、純資産と比較して負債の割合が低いことがわかります。
- スーパー三木の支払能力は、十分です。

それならば「もう少し負債を増加させて資産を増加させることを検討」してもよいという結論になる。この場合の資産は、流動資産ではなく、固定資産（設備投資）だ。

損益計算書を読む

損益計算書に百分率（概算値）を加えてみよう。売上高を100％とした比率だ。

第8時限 「2年目の B/S、P/L のまとめ」

損 益 計 算 書　　（単位：千円）
自平成×2年4月1日至平成×3年3月31日

I	売上高		80,000	100%
II	売上原価			
	期首商品棚卸高	2000		
	当期商品仕入高	60,000		
	合　　計	62,000		
	期末商品棚卸高	4,400	57,600	72%
	売上総利益		22,400	28%
III	販売費及び一般管理費			
	給料手当	4,800		
	広告宣伝費	1,800		
	荷造発送費	1,100		
	租税公課	1000		
	消耗品費	150		
	火災保険料	10		
	貸倒引当金繰入	300		
	減価償却費	2,000		
	ソフトウェア償却	100	11,260	14%
	営業利益		11,140	14%
IV	営業外収益			
	受取利息	140		
	受取配当金	120		
	有価証券評価益	300	560	1%
V	営業外費用			
	支払利息	1,800	1,800	2%
	経常利益		9,900	12%
VI	特別利益			
	土地売却益	2,000	2,000	3%
VII	特別損失		0	
	税引前当期純利益		11,900	15%
	法人税、住民税及び事業税		4,760	6%
	当期純利益		7,140	9%

これを要約してみよう。

I	売上高	80,000	100%	
II	売上原価	57,600	72%	
	売上総利益	22,400	28%	→ 商品から得られる利益
III	販売費及び一般管理費	11,260	14%	
	営業利益	11,140	14%	→ 本業の儲け
IV	営業外収益	560	1%	
V	営業外費用	1,800	2%	
	経常利益	9,900	12%	→ 会社の総合力
VI	特別利益	2,000	3%	
VII	特別損失	0		
	税引前当期純利益	11,900	15%	→ 課税の対象利益
	法人税、住民税及び事業税	4,760	6%	
	当期純利益	7,140	9%	→ 株主へ還元できる利益

（右側注記：ほぼ一定率が発生する）

会社の最終目的は何か、覚えているかな。

「はい、『利益』をだすことですよね」

そうだ。その利益は、「本業の儲け」である営業利益ということだ。この営業利益を増加させる主な方法は、2つあるよ。

1）設備投資（売場面積を拡大させるなど）をして「売上」を上げること。
2）売上を獲得するためにかかる「費用」を減らすこと。

設備投資資金は、①流動資産の余剰資金を使う②借り入れをする③増資（株の発行）をする、などが考えられる。これらを「資金調

第8時限 「2年目のB/S、P/Lのまとめ」

達」というんだ。

　「社長が資金調達に走る、なんてよくいいますもんね」

　でも、資金調達には、次のような犠牲を伴うんだよ。ちょっと難しいんだが……。

余剰資金	→	受取利息、受取配当金を受け取る機会を逸する
借り入れ	→	支払利息の支払いを必要とする
増　　資	→	将来にわたり配当金の支払いを必要とする

　だから、会社は資金調達の犠牲以上の「利益」を生み出せるかをしっかりと検討しなければいけないということだ。

　「経営者はほんとうに責任重大ですね」

　もうひとつの、費用を減らすという方法についても考えてみよう。
　この場合の費用とは、「売上原価」と「販売費及び一般管理費」のことだよ。
　「売上原価」は、商品の仕入原価だ。これは、仕入の工夫次第で減少させることが可能だ。たとえば、①仕入先の検討②仕入回数の検討③仕入方法（運送など）の検討　が考えられる。近年、小売業界では、5年程度でおよそ1％の費用を減少させているんだ。

　「経費節減とかいわれるものですね」

　ついでだから、この減少を、損益計算書の百分率で見てみようか。

Ⅰ 売上高	100%	→	100%
Ⅱ 売上原価	72%	→	71%
売上総利益	28%	→	29%　（1％減少）
Ⅲ 販売費及び一般管理費	14%	→	13%
営業利益	14%	→	16%　（2％増加）

「売上原価」と「販売費及び一般管理費」をそれぞれ1％減少させると、本業の儲けである営業利益が2％増加しているだろう？

「はい」

この2％という数字は、仮に売上高が300億円であれば、6億円の増加を意味する。これは大きい。わずかな費用の減少努力が、利益額に大きな影響を及ぼすということを頭に入れておいてほしい。

このように、日々の営業活動の努力は、5年、10年という長い年月で大きな利益を生み出していくんだ。

「『利益は資本を増加させ、資本により資産を増加させ、資産はまた新しい利益を生み出す』ってことですよね」

すばらしい！　よく覚えていたね。さらにしつこいようだが、ここでまた1時限目にもどってみることをおすすめするよ。するとあら不思議、財務諸表のしくみがおもしろいほど身についていることに気づくはずだ。

「1時限目に習ったことが、すべてに通じるんですね！　N先生、ほんとうにありがとうございました。まだまだ不安だらけですが、わからなくなったときにはいつも第1時限にもどって

第8時限 「2年目のB/S、P/Lのまとめ」

復習します!」

三木君のひとりごと

……たしかに、いま第1時限を振り返ってみると、B/SとP/Lのしくみがおもしろいようにわかるんだよなぁ。これって、N先生のマジック? なにはともあれ、これからは財務諸表を目にしても、一応のことはわかるぞっていうのは社会人として大きいと思う。N先生に感謝!……。

あとがき

　財務諸表とは何か？
「いまさら何をいうか」という声がかかりそうだが、受験指導や企業研修ではいつも、授業の後半になると「木を見て森を見ず」状態になる。そして必ず、「木」に相当する売掛金、買掛金などの各項目に精力を注いだ授業になるのである。
「木」が育つためには、「水」がコンコンと湧き出していなければならない。そして「木」が成長し、「森」となっていく。すなわち「水」は「利益」であり、「木」は「資産」「負債」であり、「森」が「財務諸表」というわけだ。
　財務諸表は、貸借対照表、損益計算書が二本柱である。この財務諸表は、年1回計算される利益でつながっている。
　授業中、この重要性を「ハッと」思い出すと、思わず「財務諸表の構造を覚えていますか？」という質問を発しているのである。
　こうなったら、もう止まらないのが私の「シツコイ授業」なのだ。

　最後に、授業の実況中継をする。
「……100円玉が手の上にあります。これを元手に商売を始めたとします。この手の上にある100円玉が資本金です。この100円玉で商品、たとえばこのボールペンを仕入れたとしましょう（ここで手の上の100円玉をボールペンに置き換える）。このボールペンを150円で売りましょう（ここで手の上のボールペンを100円玉と50

あとがき

円玉に置き換える)。100円玉は元手の資本金です。50円玉は利益です。これで次は、150円の元手、つまり150円の資本で商売を始められるのです。つまり、利益は資本を増やすのです」

これを説明したのが、本書の第1時限「超理解」なのだ。

難解(?)な第8時限まで読み込んでいくと、「利益は資本を増やす」という、基本原理を見失ってしまう。

本書の読破後、あとがきを読まれた読者は、ぜひとも「第1時限」にもどっていただきたい。そこには、財務諸表に対して数時間前と異なる理解が存在しているかもしれない。いや、必ずその存在に気づくはずだ。

そんな「シツコイ授業」を実践したのが本書である。

趣味でも学問でも、入門者・初学者・中級者・上級者・達人という過程がある。中級者・上級者は「木を見て森を見ず」状態で迷子になり、その多くは達人になるまえに挫折してしまう。

会計学の学習にも、そんな特徴がある。ある書籍は、作成された財務諸表により、会社の良否の判定を解説する。また、ある書籍は、財務諸表の作成の基となる帳簿記入にページを割く。

挫折の原因は、最初の「導入」にあることがほとんどである。そんな理由で本書は、専門職以外の方には必要ない「簿記の原理」を極力省略した。

さて、「財務諸表とは何か?」にもどろう。
財務諸表を次の3つの視点でとらえるとよい。
①財務諸表を作成する立場
②財務諸表が適正に作成されているか調べる立場
③財務諸表を参考にする利害関係者の立場

本書は①の「作成する立場」を重視し、「参考にする利害関係者の立場」の視点で説明した。本書は、1回読んで初学者、2回読んだら中級者レベルになれると確信する。そのあとの上級者・達人へのステップは、読者自身におまかせすることにしよう。

　本書の執筆にあたっては、サンマーク出版の新井氏に多大なアドバイスをいただいた。この場を借りて御礼を申し上げる。

2010年6月吉日

並木秀明

並木秀明（なみき・ひであき）
中央大学商学部卒業。現在、青山学院大学専門職大学院会計プロフェッション研究科助手、東京経営短期大学非常勤講師、東京リーガルマインド（LEC）非常勤講師、企業研修講師として活躍中。
著書は『管理会計論演習セレクト50題』（中央経済社）、『出題パターン別問題集 製造業会計編』（税務経理協会）、『実戦テキスト「簿記論」』『実戦テキスト「財務諸表論」』（ともに共著、中央経済社）など多数。受験雑誌『会計人コース』『税経セミナー』等の連載やコラムでも人気を博している。

世界一わかりやすい財務諸表の授業

2010年7月20日　初版発行
2025年7月30日　第8刷発行

著　者	並木秀明
発行人	黒川精一
発行所	株式会社 サンマーク出版
	〒169-0074
	東京都新宿区北新宿2-21-1
	（電）03-5348-7800
印　刷	中央精版印刷株式会社
製　本	村上製本所

定価はカバー、帯に表示してあります。落丁、乱丁本はお取り替えいたします。
©Hideaki Namiki, 2010
ISBN978-4-7631-3058-7　C0034
ホームページ　http://www.sunmark.co.jp